大夏书系·教育讲演录

让教育
更加尊重生命

姚跃林教育演讲录

姚跃林 著

华东师范大学出版社
ECNUP
全国百佳图书出版单位

福建素有重教之传统。特别是自宋以来，兴书院、重教育蔚然成风。到了近现代，这一传统仍然保持，历史逾百年的中学比比皆是，多为国内名校。但是，近年来却有这样一所中学，建校仅仅十年，却跻身福建名中学之列，成为福建基础教育改革创新的一个典范。是什么因素使得这所中学得以有如此之快的进步？我想你可以在这本书中找到答案。

——原厦门大学校长　朱崇实

中 编

尊重，与高远的目标相联结

序

说来说去

《道德经》第二章:"是以圣人居无为之事,行不言之教。"意为圣人用无为的观点对待世事,用不言的方式施行教化。《道德经》第四十三章:"不言之教,无为之益,天下希及之。"意为行不言之教化和无为而治的益处,天下人很少能够认识到或做得到。"行不言之教"乃老子哲学的精髓之一。当然,"无为"不等于不为,乃不妄为;"不言"不等于不说,乃不妄说。圣人处世,顺应自然,清静无为。"为"一定寓于"无为"之中,"无为"之中将一切该"为"的都"为"了。这是处世的理想境界,也是教育的最高境界。

我本是个寡言之人,在陌生人面前更是很少说话,所以我极推崇"不言之教"。然而现实世界是个喧嚣的世界,我们当老师的更难免以"言"教化。本就不清净,但这还不够,在校园文化建设中,还有一种强势流行的观点认为,要让每一面墙说话。这面"墙"不单指墙,还代表着校园里的一切,即校园里的一切都要说话,都要"教化"人,都要"训"人,否则便没有存在的意义。我丝毫不否认校园里的一切都有潜在的育人功能和育人价值，我也赞成"校园无小事，处处皆育人"的说法，但我反对将校园变成"喇叭筒"。"喇叭"成天在我们耳边喊，我们就置身于"喇叭"里，没有一刻清静。有不少学校，但凡有巴掌大一块白墙，都必定写上名人名言。山墙上写，房梁上写，走廊上写，台阶上写，地面上写，墙内墙外都写。身处其中，仿佛到了大卖场，目之所及全是广告。但"广告"多了，大家反而熟视无睹。

杜威说："教育即生活。"陶行知说："生活即教育。"斯宾塞说："教育为未来生活之准备。"《说文解字》对"教育"的解释是："教，上所施，下所效也；育，养子使作善也。"《现代汉语词典》对"教育"的一条解释是："按一定要求培养。"可见教育是一种实践活动。说，固然是教育之一手段，但说得好显然不如做得好。我做校长的信条是：力行，垂范，共苦，共情。我将教师办公楼命名为力行楼。我坚信，教育即影响，教育即示范，教育就是立德树人。

正因为我持这样的文化价值观，所以在厦大附中很难看到振奋人心抑或心灵鸡汤式的墙壁文化，学校也很少开展单纯的励志活动，没有校史室，也没有荣誉室，甚至在公共场合看不到一块奖牌。有参观的朋友说，朴素到令人感到意外，难以置信。然而，我有一个观点，晨会或早操等集会的场合应经常听到德育主任的声音。"教育"有时就得啰唆，关键时刻不能失声。所以我会经常提醒他们发声。而所有的开学典礼、毕业典礼等重要活动我都要郑重致辞，每一次演讲我都要立足校园、直面学生精心准备，用学生喜欢的话讲学生能听懂的道理。渐渐地，校长致辞成了一个富有仪式感的校园文化符号，甚至成为学生和我共同期待的美好时刻。

在准备出版本书的时候，我在自己很小的"微信朋友圈"中作了一次调查："亲爱的附中校友，您也许是 2008 年 9 月走进附中，也许是 2018 年 6 月告别附中。还记得在附中期间听过我几次讲话吗？还记得我讲了什么吗？脑海里有没有留下一句话？我在寻找您的记忆和我记忆中的您！"没想到一瞬间就收到很多留言。在上海交大就读的黄一杰留言："我都有点忘了，至少 20 多次。"他在附中学习了六年，听我讲话的次数会多一点。听讲 20 多次脑子里能留下什么吗？真的有点出乎我的意料，所有我认为重要的观点都得到了一些同学的呼应，甚至有几位家长也参与了调查。这让我领悟到了，让有信仰的人讲信仰，信仰一定是有力量的。

"教师生活在学生中"是厦大附中重要的教育主张之一。与学生朝夕相处，"说"往往是不由自主的。说得最多的话就是夸奖、问候、安慰、嘱咐、鼓励。说来说去就是那些话：健康第一，安全最重要，幸福快乐也是第一，奋斗也是最重要，学校就是读书的地方，人不能只会做题，等等。面对一系列看似矛盾的说辞，"辩证"是最好的解释。我承认，其中有明显的"中庸"色彩。这多少也反映出我内心的纠结和无奈。

在本学期的开学仪式上，我作了《用奋斗成就幸福的平凡人》的演讲。"奋斗""幸福""平凡"，题目就很"辩证"。虽因遇雨，20 分钟的演讲临场压缩成 2 分钟，但下面的核心内容我还是快速而完整地说出来了：在厦大附中，奋斗教育不是被夸大的单纯的"吃苦教育"，而是对美好生活的诗意感受；在厦大附中，奋斗教育不是迷信精神力量的单调的"励志教育"，而是日复一日地踏实践行；在厦大附中，奋斗教育不是尊崇个人奋斗的单一的"狼性教育"，而是崇尚利他行为的美育。这篇演讲，本质上是认同"幸福都是奋斗出来的"，但又不希望孩子们眼下过于辛苦。我希望他们现在是幸福快乐的，自然更希望他们永远幸福快乐。我只想将道理说清楚，让他们自己去选择。我的信念始终如一：办学生喜欢的学校，努力办所有学生永远喜欢的学校！我坚守自己的教育信仰：潜心服务学生成长。

《让教育更加尊重生命》最早是我发表在《福建教育》上的一篇文章。当时，编辑希望我谈谈厦大附中办学八年都做了些什么、未来准备怎么做。我在文章中说，过去八年我们就做了一件事：让教育尊重生命；未来我们还做一件事：让教育更加尊重生命！后来我在一次开学典礼上作了同题演讲。当然，内容作了相应调整。显然，"尊重生命"的内涵很丰富。快乐自由是"尊重"，激发潜力也是"尊重"，需要我们恰当地把握好一个"度"。

致辞似乎是校长的天职。大小会议，各类活动，校长不演讲一通似乎不够重视。不说不行，说了也未必行。但说来说去就是那些话，汇集在一起就很容易发现有一些关键词、高频词。特别是开学、毕业典礼，主题具有相对规定性，常讲常新其实是不可能的，有些话注定要年年讲。值得自我宽慰的是，创建厦大附中以来，所有致辞，我没有念过旧稿，不曾请人代笔。说自己的话，写自己的文，讲附中的故事，努力用不同的话题阐释普遍道理，弘扬教育之魂，阐扬为师之道。正因"文中有我"，少有官话、套话和令人生厌的腔调，才会有学生说"校长讲话我们很爱听呢"。"爱听"是学生对我的最大褒奖。

我从未有过编辑一部自己的演讲录的想法。这些内部演讲大有"不足为外人道也"的意味。特别是在开学典礼上的致辞，难免要"盘点""展望"，于己必要，编成书就成了"流水账"。学校教育规律性很强，不会日新月异，某种程度上就是"重复"。十年致辞不重复也很难，每篇都标新立异并无必要。然而，现场讲话可以重复，编在书里就不能重复。所以，当三年前朱永通先生建议我编辑这样一本书时，我一方面认为并无公开发表的价值，另一方面也觉得整理起来费时费力，故既未心动也未行动，拖至今日才得以成书。我以为这本书充其量也只能算是一本厦大附中的内部资料。

最后要感谢原厦门大学校长朱崇实教授、学生家长吴晓芳教授、同事李志源老师、2018届毕业生林铮同学、高三 (2) 班林宇菁同学为本书撰写推荐语。感谢厦门大学嘉庚学院易欣老师、同事叶欣欣老师等提供部分图片。图片中涉及的各位，因事先无法一一征求意见，如有冒犯敬请谅解，此处也一并致谢！

说来说去，汇成一句话：谢谢！

2019 年 4 月 3 日

上 编

尊重，根于独立人格的培养

做幸福的平凡人

亲爱的同学们，尊敬的同事和家长朋友们：

大家上午好！

凤凰花开，我们又到了毕业季。2016年的毕业典礼犹在昨天，今天我们又走进了2017年的毕业典礼。最近我一直在思考要和诸君讲点什么，居然万般思绪不知从何讲起。直到前几天，在力行楼前见到10班的洪晓曼同学我才确定了今天致辞的方向。那天，晓曼说："校长好！"我说："你好，洪晓曼！时间真快呀，转眼就是六年。你还记得六年前那个中午吗？"她说："记得。"六年前那个中午发生了什么事呢？我决定在今天的致辞中讲三个真实的故事。

第一个当然是关于洪晓曼的故事。六年前，2011年9月开学初的某天中午，我从食堂吃过饭后走过南门，看到大门外一个小女孩站在那里抹眼泪。我走过去问她怎么回事，她说接她的亲戚有事，没办法按时来接她。她家不在开发区，又不符合寄宿条件，刚开学也没有餐卡，中午没办法在食堂就餐。她等着亲戚接她去吃饭。我拿出自己的餐卡交给她，说："你拿我的卡先到食堂吃饭。"她不肯。我说："我是校长。你就拿着我的餐卡到食堂吃饭，下午有空的时候把餐卡送还给我。我的办公室就在那里。"我指着力行楼四楼的校长室的窗户对她说。她还是不肯。我故作当真地说："你拿我的餐卡到食堂去吃饭，住校的事才有可能解决。"她破涕为笑，拿着我的餐卡走了。我当时唯一的想法就是要解除她心中的忧虑，要让她快乐。后来经过研究，学校克服困难，实事求是，给类似情况的几位同学安排了住宿。就这样，她在厦大附中生活学习了六年，成为今天这个典礼的主人之一。我不想也不必阐发这个故事的意义，但我想说晓曼的故事也是我们大家的故事。这样的故事构成了附中的文化。

此刻，我想起前几天4班的何鸿鑫同学给我写的信。他在信中说："附中，让我真正感受到了集体生活的甜蜜；让我真正感受到了学习之外的校园生活的美；让我知道了原来学生、老师、保安、食堂阿姨等等可以这样亲近，学校可以这样和谐，这样有家的味道。"在信的最后，他说："我爱这个家。"今天，我想告诉同学们，附中文化最鲜明的特征正是中华民族的家文化，其核心就是"和"——师生之间、同学之间、同事之间和美。和为贵，家和万事兴。这是附中事业兴旺发达的根本。

第二个故事发生在2012年6月6日傍晚。陪同首届高三同学到港尾中学熟悉考场返回学校。晚饭后，我习惯性地走向教学楼。在图书馆到教学楼的台阶上，碰到了两位高三女生拿着毕业留言簿让我签名。她们显然是有备而来。一位同学央求我：校长写一句话吧！看着她渴望的眼神，想到十二年寒窗，

我脑海里蹦出一句话来：做一个幸福的平凡人！我完全是从一个父亲的角度想的：快乐就好，考什么成绩就随它去吧！让别人去"伟大"吧，咱家的孩子幸福就好！这就是今天在附中校园里广为流传的"做一个幸福的平凡人"的出处。"做幸福的平凡人"，是一种朴素情感的自然流露，是灵感闪现，既不哲学，也不学术，大白话而已。

与两位同学分别后，我的心情一直不能平静。到教学楼匆匆走了一圈我便回到办公室，一口气写了一篇博文《做一个幸福的平凡人》。博客上显示，这篇文章是 19 点 45 分发布的。文章发布后我又到教学楼高三教室走了一圈后才回家。我清楚地记得，那一刻，我仿佛做了件大事，突然有一种发自内心的幸福感。

在这篇文章中有这样两段话：

我很感谢你们，过去的"一千零一夜"有你们陪伴，我觉得自己是个幸福的平凡人。年轻的你们和年轻的附中携手出发，前途未可限量。但我希望附中是一所平凡的学校，你们是平凡的你们。倘若在纷繁的世界里不迷失自己，我们就是成功者。就学校而言，办学四年，我们有什么特色？若拿普天下的学校做对比，可以说任何值得夸耀的特色都没有。我特别不赞成为追求特色而办学，我心中的目标就是办一所学生喜欢的学校。我们要培养什么样的学生？有人说要培养具有领袖素质和贵族气质的学生，我一点也不认同，我希望我的学生是一个幸福的平凡人。……我希望你们能够生活在平等互爱的世界里。假如明天的世界并没有想象的美好，我也希望你做了贵族仍保留平民的情怀，做了领袖还能真心为大众谋幸福。当你们走进高考考场的时候，更多的人是关心你们能够考上什么大学，而我更关心你们是否快乐，并由衷地希望你们在未来遭遇不快乐的时候还能找到快乐的理由，永远保持一颗快乐的心。

幸福的平凡人要自立自强自尊自爱，要克己克勤克俭，要宽容善良，要懂得爱，更要珍惜爱……这些不需要我再说，相信你都懂。我希望同学们不仅自己做一个幸福的平凡人，而且能让更多的人因为你而幸福。

这篇文章在我的搜狐博客上还可以看到。后来，我又附录了1995年8月29日我在报纸上发表的《祝你平安——写给我离校的学生》。那篇文章是我写给当年毕业的学生的。再后来，我又链接了我太太余春玲老师的一篇文章《花语——写给刚刚离校的高三同学》。她是附中首届毕业班1班和2班的语文老师。这些小故事能折射出真诚而纯洁的师生关系。

还有个插曲，一般老师可能也没有关注到。2012年6月4日的《光明日报》的高端栏目"观点"上发表了记者对我的采访，我的核心观点就是"学校要关注学生的现实快乐"。由此可见，发出"做幸福的平凡人"的呼喊并非那一刻神来的灵感，而是我一贯的教育理想和教育主张。今天，我想再次重申，没有比附中更关注教学质量的学校了，但我们对质量的关注从来都是建立在尊重学生人格尊严、个人选择和充分的自由、民主、快乐、幸福之上的。

遗憾的是，我没能记下当年那两位同学的名字。我希望在座的老师和同学们帮我一起找到她们。我想当面问她们：你们现在幸福吗?

第三个故事发生在今年的 3 月 26 日傍晚。晚自习开始后我去巡堂,一位同学对我说:"校长,能不能耽误几分钟时间请教个事?"我说:"当然可以。"他问的大概是:"校长您说'做幸福的平凡人',这目标是不是有点低?身边有不少人混日子,不思进取。我自己也觉得缺乏动力。年纪轻轻的好像没什么朝气。"我问他:"这样你觉得幸福吗?"他说:"说不清。"我说:"'说不清'就说明你没有勇气说自己是幸福的。"可见,做幸福的平凡人不是什么都不追求,不是躺在那里不干事就幸福。如果你没有理想,不为理想而奋斗,你是不可能幸福的。幸福不仅是一种感觉,也是一种能力,需要用一辈子来修炼,因为生存的境遇是不断变化的。著名教育家苏霍姆林斯基在《致女儿的信》中说:"做一个幸福的人,只能是在你成为有智慧的人的时候。""做幸福的平凡人"是强调"幸福感"的重要。"幸福感"就是"满意感"。不满意则哪里来的幸福呢?"平凡人"就是指你我等众生。"不平凡"是个相对概念,而"伟人"是绝对少数。一个人,在孩子时代就立志成为"伟人",一所中学,鼓励成千上万的学生为成为"伟人"而学习,不仅免不了失望,而且会失去"现实快乐"。每天都不开心,自然做不成"幸福的平凡人",离成为"伟人"可能更远。如果你自己很幸福,又能给一大群人带来幸福,你离成为"伟人"就不远了。他又说:"感觉没什么目标。"我问他:"你到附中,所为何来?你已经高二了,还有一年就该参加高考了,你的目标再清晰不过了,就是努力考上理想的大学。一年后你无悔就会感到幸福,20 年后你无悔就会更加感到幸福。"

我又说："幸福与财富多少以及闲暇之有无的关系不大。譬如我，今天是星期天，我不值班，但我上午来巡堂一次，晚上又来一次，而且走过每一间亮着灯的屋子。昨天是周六，我也是这样。看到你们我就放心安心。等会儿我回到家，想起来已经到学校看过你们了，我就觉得幸福。双休日，我可以不到学校来，但不来我不开心。我不管别人来不来，也不会要求别人来，我只管我自己。"他问："为什么要这样？"我说："这就是'责任感'。该尽责的时候没尽责是不会有幸福感的。如果我能用自己百倍的努力带给你们幸福，给我的同事和家人带来幸福，那我一定更加幸福。而且，我只想做个无名的平凡人，这样我的幸福感会增值的。这就是我说的'做幸福的平凡人'。"他似乎若有所悟。我鼓励了他几句，也肯定了他思考的价值，最后告诉他："好好想想今天要做的事，别躺到床上后再自责后悔。"

"做幸福的平凡人"绝非教唆学生抛弃理想、放弃奋斗、甘于平庸，实际上是一种缓解生存紧张之术。"做幸福的平凡人"这句话的重点是"幸福"，至于"平凡"，这是不求自来的，而要过得幸福并非易事。我将这句话送给你们，实则告诉大家，对未来要有合理的期望值，不要太过强求，要快乐地追逐理想。

领袖基本不是学校培养出来的。因此，一所学校如果将培养领袖作为自己的办学目标，那一定是个大忽悠。一所学校如果将"驭人术"作为首要课程，这所学校基本就是"教唆犯"。真正的领袖是用崇高的品德养成的，是被一群人自然拥戴的。有一官半职，那不叫领袖，那叫领导。所以，我们不妨约定：

咱们就做个幸福的君子。这样不易犯糊涂，因为孟夫子说过："君子有终身之忧。"不是整日乐呵呵无所事事就叫"幸福的君子"。若想无远虑，现在一定要尽责。

故事讲完了，也该和大家告别了。

最后，我想将六年前写的《做一个幸福的平凡人》中的一句话作为结语：前方的路正远，我希望你做一个"幸福的平凡人"，这是一个父亲对孩子的真诚祝福。

谢谢各位！

2017 年 6 月 9 日

无用之用也许正是大用

尊敬的各位老师，亲爱的同学们：

大家好！

厦大附中第六届校园文化月活动，以2016年田径运动会为起点，今天正式拉开帷幕了。在为期五周的文化月活动中，学校将举办文艺、体育、科技等方面的数十项活动。本届田径运动会将有1176位同学和158位教职工参加比赛，其中学生比赛项目有男子10项、女子9项。共有1884人次参加单项赛，1920人次参加4×100米和12×30米接力赛。可谓好戏连台，精彩纷呈。这里，我真诚地期待老师同学们积极参加文化月及运动会各项活动。同时，我代表学校，向为文化月及运动会活动顺利开展提供帮助和志愿服务的教职工和同学们表示感谢！祝文化月活动取得圆满成功！

在开始正式讲话前，我想报告一个好消息：在昨天闭幕的第30届全国化学奥林匹克决赛中，高三（6）班的艾宇旸同学获得金牌并被北京大学提前保送录取。我们用热烈的掌声向

第 30 届全国化学奥赛金牌获得者艾宇旸

艾宇旸同学表示祝贺！在今年的数理化生四大奥赛中，我校共获得省三等奖以上奖项 41 个，占全市三分之一；其中一等奖 8 个，占全市 57%。获得省一等奖的有柯志发、邱楷中、吴加隽、艾宇旸、赵威凯、林锦滔、黄一杰、柯灵，其中柯志发、邱楷中、艾宇旸分别进入数、理、化省队参加全国决赛，艾宇旸获得金牌，邱楷中获得银牌，柯志发获得铜牌，均为全市唯一。我提议，我们再次用掌声向以上同学和他们的指导老师表示祝贺和感谢！

当此文化月活动开幕之际，我想和同学们谈一个话题：无用之用也许正是大用。有人说，无用之用方为大用。我没有深入研究，所以说得留有余地：无用之用也许正是大用。

先说一说谈这个话题的缘由。自 2009 年高中招生开始，我们一直在新年前举行广场钢琴演奏会，到今年已经是第八届了。在这个过程中，我不时听到有议论说，钢琴演奏会，太阳春白雪了，听不懂，有什么用？有老师干脆斥之为形式主义。其实，当年之所以要举办这个广场钢琴演奏会，一是因为不少同学有钢琴特长，学校缺乏让他们上台表演的机会；二是校园内到处是工地，没有地方可以演出。我想象着将钢琴放在喷泉中间还算不俗。第一次演出，大家就觉得很好，于是决心一直做下去。就这样一直演到了去年的第七届。新年广场钢琴演奏会成了附中毕业生记忆中最重要的母校符号之一。其实，需要直接为钢琴演奏会付出时间的人大约不到2%，而这2%的人也不必专门为演奏会付出。至于其他人，一年365天，只需要抽出70分钟的时间即可。所以，如果有学生斥之为"形式主义"，我觉得可以理解；如果老师真心认为是"形式主义"，我自然深感忧虑。设想一下，如果仅仅是我们某一位老师臆断为"谁能听懂"，然后就斥之为"形式主义"，故而视之如敝屣，照此思路，我们还能剩下什么？可能连"做题"都要扔掉。因为关于"做题"的"教育"也不是谁都能懂的。如果我们的学校和老师，若非钱理群先生说的"精致的利己主义者"，即为精致的实用主义者，则不仅教育毫无意义，可能连活着都多余。

关于类似的"无用"之举，在附中校园里还有很多。特别是在文化月里，与考试和提高成绩没有直接关系的"无用的事"天天都在发生。"没什么用"的论调，让我经常思考一个问题：什么样的学校教育是有用的？我认为，一切促进人的全面和谐发展的教育都是有用的。所以说，学校无小事，事事皆育人。也许有人认为，我们到附中来读书，目的就是升学，分

一年一度的新年广场钢琴演奏会（图中演奏者为 2019 届高中学生郑伟涵，曾获"2018 李斯特国际青少年钢琴大赛—中国"金奖）

数就是命根。我不反对将升学当作目的，但我反对只要分数的升学。我想问几个问题：升学的目的是什么？只要分数能不能赢得分数？只有做题的学生时代是怎样的生命历程？我们有没有办法清晰地界定"有用"与"无用"？我还想问：如果今天我没有比赛项目，我还有必要参加这个运动会吗？为什么所有的奥运会的举办国都要举行全国性的火炬传递活动？这些问题提给大家思考，这里我不作回答。我相信有并尊重不同的回答。

最近有一篇文章在媒体上热传。这篇文章大约是北京大学副教授、临床心理学博士徐凯文的即席演讲。他所说的"空心病"以及很多观点我都不能苟同，但他罗列的现象我觉得某种程度上是真实存在的。他做过一个统计，北大一年级的新生，包括本科生和研究生，其中有 30.4% 厌恶学习，或者认为学习没有意义。请注意，这些是在高考战场上千军万马杀出来的赢家。我要问，为什么这些高中阶段学业成绩顶尖的学生，到了北大这样的顶尖高校，反而不仅厌恶学习，而且厌恶生活？徐凯文认为："一切向分数看，忽视对学生品德、体育、美育的教育已经成为很多教师的教育观——他们完全认可这样的教育观，对自己的孩子也同样变本加厉地实施，可能是导致教师家庭孩子心理健康问题高发的主要原因。"文章的最后，徐凯文说："我们要给他们世上最美好的东西，不是分数，不是金钱，是爱，是智慧，是创造和幸福。请许给他们一个美好的人生！"巧的是，我在这个月的《福建教育》上发表了一篇文章《校园如何让人更美好》，其中谈到学校教育怎样开启学生的美好人生。我觉得学校和老师有责任让学生感受到生命的美好，感受到生活的美好。而这个起点就是"爱"。当我们能用充满智慧的爱来爱我们的父母、亲人、老师、朋友和世间万物时，我们就一定能体会到并珍惜生命的美好。

世间万事万物皆有用。只有用非所用，不存在一无所用。因为我们心中存着某些目的，看到任何东西都会从有用与无用的角度来判断。但是，有用与无用真的是非此即彼吗？随着我们目的的改变，时间的延长，空间的扩大，所谓的有用与无用很可能会换个位置。有西方学者指出："自然界不跳跃。"意即自然界所形成的整体是完整而没有空隙的，其中的每一样东西，连空气在内，都是不可少的，亦即没有任何东西是全然无用的。你若是真的取消其中一物，则后续的演变将难以想象。

所谓"蝴蝶效应"，就是指类似"失之毫厘，谬以千里"的连锁反应。如果我们的学校教育完全等同于做题活动，做题以外的一切都抛掉，我们将陷入怎样的境地？

对生命的价值和意义的思考与追问是一个古老的哲学命题，而关于"有用"和"无用"的辩论我们可以追溯到庄子。庄子在《人间世》一篇中叙述了这样一个故事：庄子与弟子，走到一座山脚下，见一株大树，枝繁叶茂，耸立在大溪旁，特别显眼。庄子忍不住问伐木者："请问师傅，如此好大木材，怎么一直无人砍伐，以至独自长了几千年？"伐木者似对此树不屑一顾，说道："这何足为奇？此树是一种不中用的木材。用来作舟船，则沉于水；用来作棺材，则很快腐烂；用来作器具，

武术队师生在校运会开幕式上表演

则容易毁坏；用来作门窗，则脂液不干；用来作柱子，则易受虫蚀。此乃不成材之木。不材之木也，无所可用，故能有如此之寿。"听了此话，庄子对弟子说："此树因不材而得以终其天年，岂不是无用之用，无为而于己有为？"弟子恍然大悟，点头不已。老子在《道德经》中说："曲则全，枉则直，洼则盈，敝则新，少则得，多则惑。" 意思是弯曲可以保全，委屈才能伸直，低洼得到充盈，破旧于是更新，少取便会多得，贪多反而迷惑。以"无用"为有用，这是一种辩证思维。而实用主义就是机会主义，机会主义即使有一半的胜算最终也会以失败而告终。古今中外概莫能外。

　　我一直认为，人类的好奇心是非常宝贵的，遏制人类的好奇心是不人道的。有心栽花花不开，无心插柳柳成荫。人类历史上的许多划时代的重大发现正是肇始于当时看起来无用的研究，这方面的例子太多。所以，才会有人说无用之用方为大用。我们比较容易犯的一个错误是，教条主义地奉行片面的理论从而成为自大的实用主义者。法国哲学家萨特说："存在先于本质。"人生的改变就应该把自我的存在和自我的意识当作思考的起点，不是靠本质规定好的那些东西去规范我们的生活，而是要由我们自己的思考作出选择。厦大附中的一个重要特点是尊重学生的选择。而设立文化月，乃至长年开展丰富多彩的活动，就是要为学生提供尽可能多的选择。积极的人生态度应该成为一种信仰。从最实用主义的角度来看，健康而有滋味地活着比什么都实用。生命的意义在哪里？生命本无意义，但活着，生命就有意义；活得精彩便有大意义。我活着，故我要尊重自己的兴趣，特别是对于还是孩子的你们，对什么都不感兴趣是个危险的信号。如果有兴趣，就不要压抑自己的兴趣。兴趣和"有用"不一定关联，甚至兴趣和"成功"也不一定成正比，但充满兴趣的人生就是有滋味的人生。我想告诉各位同事，不要怀疑我们的价值选择；我也要告诉各位同学，我们要珍惜在附中的岁月，要过好在附中的每一天。

我们必须明白，教书、读书，只是丰富的校园色彩中的一个单色。色彩的好坏最终取决于和谐与否。单色再好看，搭配不好，还是难看；单色再难看，搭配好了，照样好看。如果我们不善于调和，不把它融入五光十色的和谐中，这一单色再纯净，终究是刺眼的颜色。青少年时期的智慧触角伸得越远，认识这个世界就越全面。五彩缤纷的生活会催生更绚烂的智慧之花。我觉得，学校的色彩就是歌声，是学生运动的身影，是课堂上严肃的面庞，也是林阴中忘情的嬉戏，是界限分明的师生对视，也是不分彼此的赛场角力，是星空下的孤灯，也是朝阳中的婆娑。只有色彩丰富的校园才是有活力的校园，只有有活力的校园才能担负起全面育人的责任。

最后，我要说，我一点也不反对专心读书，我特别愿意尊重同学们的选择。学校首先是读"书"的地方，这本"书"远不只是教科书。既然是读书的地方，"刻苦"就应当值得赞许。没有一位成绩优异的学生不是勤奋刻苦的。刻苦读书与快乐学习并不必然构成一对矛盾。同样是刻苦学习，同样是头悬梁锥刺股，格局有大小，气度也有大小。我们要做格局和气度大的人。曾经有学生告诉我，他什么歌都不会唱，连国歌也不会，而且不感兴趣。我确实为之感到心痛，但我仍然尊重他的选择，只要他自己满意就好。倘若有这样的老师，我也会理解他尊重他，虽然我满心遗憾。但是，站在学校的层面，站在校长的角度，不能让学校朝这个方向办。没有了精神世界，人或许是地球上最差劲的生物。

我坚定地认为，校园应当是诗意的存在。即使暂时还不是，但我们要尽己所能，努力营造这种"诗意"的氛围。不管诗的内在特征是如何定义的，诗给人的外在感觉是愉悦，哪怕诗的情绪是悲伤的，而诗意则一概是美的。没有美便没有诗。所以，我所理解的诗意的校园就是充满着"美"和"好"的校园；我所理解的诗意地栖居就是能够暂时忘记无法改变的生存紧张。只要不奢求，诗意就在我们身边。一切能够缓解"生存紧张"、使现时以及未来回忆充满美好的校园生活都可视为"诗意地栖居"。显然，这只需要我们每个人付出一点点。我们每个人奉献或与大家分享一点点美好，整个校园就会到处弥漫着大大的美好。我们开展文化月活动，就是让大家创造、奉献和感受这种美好，一种让你在未来的一年里回味起来都感到甜蜜的美好，一种让你一辈子都回味悠长的美好。

最后奉献给老师、同学们几句话：别在无用有用上纠结！请快乐当下，幸福今天！祝校运会暨文化月活动圆满成功！

谢谢大家！

2016 年 11 月 30 日

在平凡中追求卓越

尊敬的各位同事，亲爱的同学们：

大家好！新学年好！

2013—2014学年度第一学期今天正式开学上课了。我代表学校对800名初一、高一新生的到来表示真诚祝贺和热烈欢迎。

在刚刚过去的2012—2013学年度里，我校继续呈现良好发展势头，在基本建设，办学条件改善，校园文化、学校制度、师资队伍建设，课堂教学改革和教学质量等方面均取得优良成绩。学校文化竞争力、知名度、美誉度进一步提高，区域影响力进一步扩大，初步跻身本地区知名学校行列。

建校五年来，学校在服务开发区、服务漳州、服务厦门大学等方面作出了卓越贡献，渐以清新大气的教育形象、严谨而有内涵的学校管理文化、优良的师德水平、富有魅力的师生精神面貌、出众的升学成绩赢得广泛赞誉。在2012年12月28日开发区建区20周年纪念大会上，学校被漳州市政府、漳州开发区管委会联合授予"金鼎奖牌"。

　　让教育更加尊重生命

2012—2013学年度，教学质量继续提升：1.高考"本一"录取率71%，本科录取率99%；"2+8"顶级名校录取4人，"985"重点高校录取27人，"211"重点高校录取81人，海外高校录取5人。学校被授予"漳州市高中教育教学质量先进学校"称号。2.中考综合比72.71，在全市172所生源不择优的公办校中综合比排名第二（仅比第一名低0.07），优秀率第一（40%）。有2名同学中考总分超过千分，实现了新的突破。学校被授予"漳州市初中教育教学质量先进学校"称号，同时被授予"漳州市初中教育教学质量'信得过'学校"称号。

可以说，我校初、高中教学质量已实现第一步战略目标，总体办学水平进入漳州市"第一方阵"，为学校进一步跨越发展奠定了良好的基础。

夕阳下的亦乐园上

今天，新的学年已经开始。在进入新的学年的重要关口，我应当对同学们特别是初一、高一新生们讲点什么呢？其实，要讲的实在太多。我还是将其概括为一句老生常谈的话：在平凡中追求卓越。

我们大多生长在平凡的家庭里；在大家现在这个年龄里，我们几乎无一例外的都是平凡的人；从基本的统计学来判断，我们当中的大多数未来还必定是一个平凡的人。所以说，"平凡"是我们的本色，是我们灿烂人生的底色。但"平凡"不同于"平庸"，我们可以甘于平凡但不可甘于平庸。我们生于兹世兹时，我们应该有所担当，应当于平凡中努力追求卓越。我们来到附中，应当思考为何而来，更要思考怎样才是不虚掷岁月。

一年多以前，我给即将走进高考考场的首届高中毕业生题写了这样一句话：做一个幸福的平凡人。我还以"做一个幸福的平凡人"为题写了一篇文章。《厦门日报》《海峡导报》《闽南日报》也以同样的话为标题报道了我校的学生生活。我在文章中说道：

我们为什么要读书？一个很重要的原因是我们不能不读书。因为教育的推动，今天的世界成了读书人的世界，一个不读书的人生活在现代社会是极其艰难而又非常寡趣的。另一个原因是，对于今天的青少年尤其是城市独生子女而言，20岁之前不读书，你能干什么呢？所以，我们要读书。然而，为什么要"拼命"读书呢？也有两个原因，一个源自求知的渴望，自然以及人类自身有着太多的奥秘诱使我们去探寻；另一个就是"我要打倒你"，也即要在生存竞争中提高自己的竞争能力。总之，你不要后悔读书，这是一桩和吃饭睡觉同样重要的事。

如此这般的十二年寒窗苦读，我们最终走进了高考考场，但考场远不是终点，充其量是人生旅途的一个寻常驿站。一夜宿营，当晨曦初现时，你还得背着行囊踏着朝露向前奔。这里没有失败者，走到这里的人都是胜利者。拥有就是幸福，你要好好享受。这里，不能决定你未来是胜利抑或失败，你要做的是丢掉包袱轻松上路，认准下一个驿站充满信心地奔过去。读书不仅是过程也应当是目的，不仅是竞争工具也应当是生活本身，我们要幸福地读书，幸福地生活。

前方的路正远，我希望你做一个"幸福的平凡人"，这是一个父亲对孩子的真诚祝福。也许，我们一辈子只能这样平凡地行走，然而只有每一刻都努力将生命的能量发挥出来，我们才可能拥有幸福。

幸福的平凡人要自立自强自尊自爱，要克己克勤克俭，要宽容善良，要懂得爱，更要珍惜爱……这些不需要我再说，相信你都懂。我希望同学们不仅自己做一个幸福的平凡人，而且能让更多的人因为你而幸福。

到此，也许你仍然是平凡的，但你同样是卓越的。在宿舍区的九思广场上，矗立着一座名为"怒放"的现代雕塑，它使我时常想起歌手汪峰的名作《怒放的生命》："我想要怒放的生命／就像飞翔在辽阔天空／就像穿行在无边的旷野／拥有挣脱一切的力量／我想要怒放的生命／就像矗立在彩虹之巅／将像穿行在璀璨的星河／拥有超越平凡的力量"。

同学们，没有什么需要等待的，追求卓越就从平凡的今天开始！

谢谢老师、同学们！

2013 年 9 月 2 日

追求卓越，拒绝平庸

尊敬的各位同事，亲爱的同学们：

大家早晨好！新年快乐！

短暂的寒假倏忽而去，2015—2016学年第二学期今天正式上课了。虽然我又老了一岁，但我丝毫不觉得沮丧；我更愿意为学校和同学们的成长而欢歌。

过去的羊年，在社会各界的关心和支持下，经过附中人的不懈努力，学校取得了令人瞩目的成绩。

2015年中、高考继续取得优异成绩。高考本一达线率78.86%，本科达线率99.45%。田文静同学被清华大学录取，被"211"以上大学录取125人。连续四年获得"漳州市高中教育教学质量先进学校"称号。中考综合比69.6%，在全市170余所同类校中排名第二。连续五年被授予"漳州市初中教育教学质量先进学校"称号，同时连续三次被授予"漳州市初中教育教学质量'信得过'学校"称号。

学科竞赛呈现崭新局面，奥赛省级获奖质量和人数进入全市领先水平。"五大奥赛"共获得省一等奖6人，占全市获奖人数（13人）的46%；获省二等奖人数25人，占全市获奖人数（63人）的40%；三等奖及以上共计获奖51人，占全市（160人）的32%，排全市第一。蔡东龙同学获得化学奥赛全省第一名并夺得全国银牌，是漳州市20多年来奥赛最高奖。有3位同学在第14届全国创新英语大赛中分获一二三等奖，占全市获奖人数的50%。在第十八届"语文报杯"全国中学生作文大赛中获得全国一等奖1人、二等奖2人、三等奖2人，省一等奖8人、二等奖1人。在"华东师大杯"第十八届全国中学生新概念作文大赛中，我校获得一等奖2人，二等奖3人，占全省获奖人数的71.4%。全年市级各类竞赛获奖超过700人次，人数和比例继续保持高位和领先水平。厦门大学网站、《闽南日报》、开发区网站、《厦门湾南岸报》均予以报道，反响强烈。

初中三个年级参加期末市直八校统考统改，七年级第一，八年级第三，九年级第一。高三年级在第一次省质检中，理科总平均分全市第一名，文科总平均分全市第二名；"全市文科前100名理科前200名拔尖生"比例排名第二。

教师在业务竞赛中获得市级以上奖项80多个，其中市级一等奖34个。特别是在"一师一优课"评选中，我校共获得10个市一等奖，最终获得两个国家级"优课"。在福建省第三届中小学幼儿园教师教学技能大赛中，获得市奖9个，其中一等奖8个；获得省奖4个，名列全市前茅。

教师公开发表论文近百篇，学生在正式刊物上发表文章15篇；师生各出版著作1部。已有2项国家级课题、10项市级课题结题。目前还有省级课题4项，省教育学院课题6项，市级

九思广场凤凰花开

课题 3 项正在积极研究之中。2015 年，我校又有 12 个市级课题立项。五年来，教师发表、汇编教育教学论文 440 多篇，其中公开发表论文 250 多篇，出版专著或参与编撰的著作 6 部。目前，学校审定 62 门校本课程。

学校德育工作、校园文化建设、学生管理工作和校园安全工作均有序推进并取得较大进步。学校两级党组织举行了换届选举，教代会及工会委员会也完成了换届，团委换届工作将于近期完成。

学校被市委市政府命名为"第十二届文明学校"，被中国化学会授予"第 28 届中国化学奥林匹克（初赛）贡献奖"，被省普教室确定为"福建省第二批基础教育学科教学研究基地学校（政治）"。2015 年 3 月，被开发区管委会授予 2014 年度"转型升级突出贡献奖"。被推荐为开发区管委会2015年度先进单位。

2015年学校基建也有重要进展。面积达1.3万平方米的艺术中心已经竣工，开学后逐步投入使用；游泳馆建设项目施工函已由规划建设局发至置业公司，开始着手场地苗木移栽工作，将于近期内开工建设。学校办学条件得到进一步改善。

综上所述，过去的一年，我们在各个方面都取得了巨大进步。我们有理由自豪地认为，厦大附中是办学质量高的优质学校。甚至仅就升学质量和竞赛成绩来看，我们已经进入一流名校行列。

但是，我想，一所升学质量不高的学校固然不能算一流学校，但只有升学质量的学校同样不能算是一流学校。在取得一系列骄人成绩的时候，我们很容易自满自大，甚至有可能不自觉地重蹈失败者的覆辙。所以，2016年元月3日，我在博客里发了一篇文章《警惕：我们也许正走向平庸！》。文章的最后一段是这样写的：

2016年，我们有理由相信学校将继续进步。但我们必须冷静地思考，这是一种什么样的进步，是怎样得来的进步？教育不相信奇迹，我们为此做出了怎样的努力？不一样的结果是全部不一样的过程所致，我们有什么与众不同？从区域的治理水平、学校的治理结构以及关系到学校发展的每一个因子，我们的优势何在？如果没有高远的教育理想并为之不懈地努力，如果各种违背教育规律的令人所不齿的教育行为同样在我们身边发生，我们难道不是一所极其平凡的学校吗？要坚信，哪怕赢得一点点改变都需要我们付出非同寻常的努力！当我们站上第一座高峰后，我们还能虚怀若谷、热情似火吗？如果不，则毫无我认为,我们全体师生都要保持这种警惕!

作为老师,我希望附中成为什么样的学校呢?我在 2015 年第 7 期《人民教育》上发表的《办一所学生喜欢的学校》一文中说:我们确立了"培育和提升一流的教育服务品质,用合适的教育办学生喜欢的学校"的办学思路。突出服务,使资源和课程更好地促进学生全面发展。尊重学生的自主创造,以"我即文化"的命题,引领文化自信和文化自觉。不追求"高效课堂",强调师生相伴共处的意义。尊重学生的客观差异和选择权,从关注学生的现实快乐出发,提高教学有效性。反对"为了考试"的课堂,在尊重普遍价值观的前提下努力实现教育对人的起码尊重,实施"人道的应试教育"。承认生命的固有价值,提倡适度教育,勉励学生做幸福的平凡人。

之于学校,还有比"学生喜欢"更高的评价吗?当然,这种"喜欢",不仅在今天,更在你走出校门后直至遥远的未来。后者或许更重要。

去年 10 月份,我看到校友发的一个帖子,其中有这样一句话:"每个从附中出来的孩子,都是从一个类似大学的高中,来到一个类似高中的大学。"后面还有一些聊天记录,大意就是指大学还没附中好,而且强调不是指环境,而是指"整体的管理和学生素质"。我觉得,附中并非刻意按大学的模式办,而是用"尊重和自由"的大学精神,也可以说是用这个普世价值,为同学们的成长提供一切可能的平台。也就是说,大家在附中读书,能享有人格尊严、完善的教育资源和自由成长的空间。

毕业生返校总是要到校长室《观海听涛》前留影

　　去年教师节前夕，我收到首届毕业生、现为福建师大名师实验班成员、数学学院大四学生吴必萍给我的来信。信很长，其中有这样一段话："我一直很庆幸高中阶段能在附中学习。老师对我们的辛勤付出我铭记在心，附中对我的支持、帮助我心存感激，附中的老师们是我遇见的最'可爱'的老师，如亲人一般……对附中充满着思念与赞美。我会努力向附中老师看齐，做名受欢迎的老师。"

　　必萍同学在附中读书时非常刻苦，她已经如愿保研。前几天，我在公交车上遇到她在附中的同班同学王月敏，她也在厦大保研了。月敏取得附中首届高考理科最高分，她和必萍一样，也是非常刻苦的。我希望在附中的校园里，手不释卷的人不应当被看作"另类"。刻苦读书的人应该成为我们敬仰和仿效的对象。"刻苦"虽然不是好学风的全部，但一定是重要部分。读书的态度其实就是做事的态度。通过读书养成好的做事态度，这正是教育的目的！

但是，作为学校和老师，没有权利禁锢学生的思想和选择。更恰当地说，教师有责任提供给学生更多的选择，不能武断地替代学生作单一选择。坦率地说，生活中大量存在了无生趣的人。面对这样的人，你不仅没有说服的力量，甚至连说服的冲动也不会有。这使我想起圣·埃克苏佩里在童话《小王子》中的一段话：遇到缺乏想象力的大人，"我对他既不谈蟒蛇，也不谈原始森林，更不谈星星了。我就使自己回到他的水平上来。我与他谈桥牌、高尔夫球、政治和领带什么的。那个大人便很高兴他结识了这样正经的一个人"。看得出来，小王子是很失望的。作为老师，我愿意努力帮助大家保持兴趣并实现自己的理想，不让你失望，让你感受到世界的美好。

最后我想说，无论有什么理想，无论作何选择，我们都应当追求卓越，拒绝平庸。追求卓越就是不可自甘堕落流于一般——务必自强不息，止于至善。拒绝平庸就是不负天资——务使天生我材，必尽其用。我们追求一流的教育服务，就是希望给未来的你保留一份美好，为未来的你奠定良好的发展基础。希望未来的你不仅快乐幸福，还能给更多的人带来快乐幸福。

谢谢！

2016 年 2 月 18 日

做人当自立

老师、同学们：

大家上午好!

今天是2012—2013学年度开学正式上课的第一天。此刻，我们全校师生隆重集会举行开学晨会。首先我代表学校向新到附中任职的老师和700余名初一、高一新生表示热烈的欢迎。

过去一学年，我校在基本建设、校园文化建设、全面提升教学质量诸方面均取得可喜成绩，特别是中、高考取得了令人瞩目的成果。

中考综合比71.81，位列全市174所公办学校第七名，在市直8校中居第一名，也是全市生源不择优的168所公办学校中的第一名。学校连续两年获得"漳州市初中教育教学质量先进学校"称号。首届高考"2+8"顶级名校录取2人（全市87人）；"985"高水平研究型大学12人；本一上线86人，上线率27.9%，最终录取80人，录取率26%；本科录取284人，录取率92%。学校获得"漳州市高中教学质量先进学校"称号。

上学期期末考试，七、八年级参加市直学校统考统改，成绩优良。八年级在市直公办8校中获得第一名，七年级获得第二名。今天，我们也许可以自豪地说，厦大附中已成为在闽南享有较高知名度和影响力的优质中学。

新学年，学校设初一至高三六个年段，另有实验部和海峡部。实验部三个年级共6个班，七年级6个班，八年级6个班，九年级4个班，初中共22个班；高一8个班，高二9个班，高三8个班，高中共25班；海峡部七年级、八年级、高一年级共3个班。全校合计50个班，学生2068人。全校教师179人，后勤职工近百人，教职工总数近280人。全校师生员工2350余人。

新学年工作将围绕学校"五年规划"全面提高教育质量。以进一步提高教学质量、再创中考高考新业绩为抓手，落实一届二次教代会通过的各项制度，建设师德高尚、业务精湛的师资队伍，加强教学常规管理，努力提高课堂质量，将创新精神贯彻到教育教学工作的每一个环节中，不断推进教育改革，办学生喜欢、家长放心、社会信赖的学校。

在今天的晨会上，我想对同学们重点强调"自立"精神的培养。厦大附中的核心办学理念是"以人为本，以德育人，自立立人，和谐发展"，"自立立人"是其中的一部分。"立人"既有立身做人的意思，也有扶持、造就人的意思，也就是要帮助别人。而能够帮助人的前提是你能自立，所谓"己欲立而立人"。"自立"的意思就是不依赖别人，靠自己的劳动生活。著名教育家陶行知说："滴自己的汗，吃自己的饭，自己的事自己干，靠人、靠天、靠祖上，不算是英雄好汉。"这里，我想从

高三师生远足

两个层面来阐发"自立"的内涵。第一个层面就是为了将来我们能够自立，能够不依赖别人生存，我们今天应该怎么做；第二个层面是我们能不能在今天就做到自立，怎样才算自立。

第一个问题，我们今天应该怎么做。有一句话大家应当记取：为了明天，拼搏今天。为了使自己在明天可以不依赖别人而能有滋有味地生活着，今天就要练好本领，要凭实力说话。作为学生，做人之外第一要务就是读书。我们为什么要读书？一个很重要的原因是我们不能不读书，用美国教育家杜威的话说，"教育即生活"，也可以用他的学生中国教育家陶行知的话说，"生活即教育"。另一个原因是，对于今天的青少年尤其是城市独生子女而言，20岁之前不读书干什么呢？所以，我们要读书。然而，为什么要"拼命"读书呢？也有两个原因，一个源自求知的渴望，另一个就是为了提升个人的竞争力。总之，你不要后悔读书，这是一桩和吃饭睡觉同等重要的事。我们要记住，什么样的明天决定于有什么样的今天，今天我们要拼搏。

第二个问题，作为一个中学生，怎样做才算是自立。我觉得首要表现就是要有主见，要有奋斗目标，要有人生方向。其次，要有克服困难的勇气和智慧。第三，一切自己该做的事坚决自己做，一切自己能做的事努力做到自己做，一切暂时做不到而未来必定由自己做的事努力做好做的准备。我们当中的全体高中生、实验部全体同学和一部分初中生是在学校寄宿的，你们有勇气离开父母的呵护，是走向自立的重要一步，老师要赞扬你们。然而，有不少同学离真正的自立精神还有一定差距，所以我要鼓励同学们，要在学习、生活、人身安全、人际交往诸方面努力做到"自立"。要培养和提高自己解决问题的意识和能力。老师们要帮助学生学会自己解决问题，而非直接帮助他们解决问题。学校必将创造更多的机会，提供更好的条件和更多的平台，促进学生自立精神的培养，要使学生勉力成为具有厦大附中鲜明特色的优秀中学生。

老师、同学们，让我们共同努力，克服困难，用高质量的工作业绩和良好的学业成绩回报关心和支持我们的各界人士。最后祝老师们身体健康、工作愉快，祝同学们学业进步、天天向上。

谢谢大家！

2012 年 9 月 3 日

守规则，讲原则，尽本分
——2015 届初中毕业典礼致辞

尊敬的各位同事，亲爱的同学们：

大家上午好！

此刻，我们将以这个迟到的仪式纪念在座同学初中毕业。首先祝贺大家，祝贺你们获得了更进一步的教育自由。初中是人生的重要阶段。在这个阶段，我们从少年儿童成长为青年。在这三年里，我们的容貌、身高、体态、声音完成了一辈子当中最剧烈的变化。这个变化昭示了同学们的成长。这里，我要真诚而负责任地告诉同学们，你们在最好的老师的哺育下，在家门口、在最美的校园中完成了最有质量的中国式的初中教育。你们是幸运的！不管文化课学业基础以及中考成绩如何，附中的教育将使你们受益一辈子。这里，我提议，让我们用最热烈的掌声感谢敬爱的老师们三年来的辛勤付出。

厦大附中一直致力于培育并不断提升一流的教育服务品质，用合适的教育办学生喜欢的学校。守望三年，我相信同学们是真的喜欢附中的。三年时光如白驹过隙般眨眼就成了过去。我时常自问，母校在你们心中留下了什么，你的成长年轮上刻上了母校何种文化符号？也许一言难尽，但我希望至少要有那么几点。为了让大家理解并能记住，我想讲几个故事。

第一个故事。去年暑假的一天早晨，我乘公交车到学校。上车见到去年高三毕业、当时已被省外某大学录取的许同学，我们一直聊到厦大南门站，他随着一群人下了车。我在车上看到了令我难忘的一幕：除了许同学，十几位乘客都是从站台直接横穿马路，跨过绿化带，走到马路对面去了。只有许同学从站台沿人行道在绿灯开启后经斑马线通行。看到这一幕我尤感欣慰。我觉得，附中文化中的一个重要因子就是"规则意识"。附中教育成功与否，一个重要标志就是附中学子是否养成规则意识。我以为，不讲规则的人，别处可以有，附中不能有；不

讲规则的事，别人可以做，附中人不能做。

　　也许有人要问，固守"规则"何以创新？现在不是大众创业万众创新的时代吗？不是要有批判性思维、要打破常规吗？这里我要谈一谈什么才是真正的创新，什么才是我们需要的创新。我讲第二个故事。

　　美国默克尔牙膏公司，生产一种泡沫十分丰富的牙膏，投放市场后很受欢迎。可是几年以后，其销售业绩却停滞下来，每个月仅能维持大致差不多的销量。董事会对这样的业绩表现感到不满，在年末召开高层会议商讨对策。有位年轻人提了个建议：将现有的牙膏开口扩大 1 毫米。因为大多数消费者挤牙膏都有一个习惯，挤出与牙刷前端相同的长度。口径粗 1 毫米，每天牙膏的用量自然会多出不少，牙膏的销量自然也会增加。这则故事被当作经典成功案例常为人引用，引用者挖掘出这则故事的启示：在试图增加产品销量的时候，绝大多数人总是在大力开拓市场、笼络更多的顾客方面做文章，如果你转换一下脑筋，增加老顾客的消耗量，也能够达到同样的目的。能够从另一个角度看问题，见人之所未见，善于突破常规，就是创新。坦率地说，我不认为这是创新，我觉得这是坑人。因此，我希望附中毕业生要立志做一个诚实善良的人，做一个能守住做人底线、不失原则的人。一切失去底线原则的创新都是违背人道的，是应当被唾弃的。事实上，据《纽约时报》报道，不到一年，默克尔牙膏公司的牙膏渐渐地销售不动了。原来，很多家庭主妇发现，家里的牙膏用得很快，她们一查原因，"罪魁祸首"竟是牙膏口径太大，挤出太多，太浪费。

　　第三个故事是关于马云的。其实我并不太了解他，我只知道他现在是很富有的人。关于他的故事，你们如果感兴趣可以自己去了解，我不在这里耽误大家时间。我记得马云说过，他成功了，说明80%的人都可以成功。我给大家的建议是：人要有梦想，但不要白日做梦。我不认为马云创造了财富，我认为他是聚财好手。如果以荣登财富榜为成功的标志，那么，就注定只有极少数人能够成功。所以，马云的话是客气话，甚至根本就是骗人的鬼话。我并不希望你们成为"马云"，这个世界不缺"马云"，也不需要太多的"马云"；我更愿意劝大家脚踏实地，尽本分，不攀比，尊时守位，过好每一天，做一个幸福的平凡人。

概括起来，我就是希望你们守规则，讲原则，尽本分。你们还小，也许不能完全理解，但九个字三个故事应该能记住，希望你们能够时常回想！

谢谢大家！

2015 年 7 月 10 日

志不立，天下无可成之事

尊敬的各位来宾、各位家长、各位同事、各位同学：

大家上午好！

厦大附中 2016 届高中毕业典礼适逢端午佳节，在厦大嘉庚报告厅隆重举行。此时此地一定令我们终生难忘。首先，我要代表学校欢迎和感谢各位家长代表的莅临！过去的三到六年，附中在你们的关注和支持中成长。一种"不能承受的信任之重"时刻鞭策着我们。它是附中发展的重要动力。相识一次，相思一生，但愿附中是你们永远的牵挂。谢谢各位！

各位同学，如果一个学期听我一次讲话，在座的同学少则听过六次，多则 12 次。我相信有不少同学听过不止 12 次，还有不少同学听过我的课。在准备这个讲话的时候，我确实做过非同寻常的努力。我既不想重复过去六年的讲话，又想证明过去的每一次讲话都不是好似过眼云烟的废话。这其实很难。

我今天讲话的题目是：志不立，天下无可成之事。我想我还是从我们身边的事说起，从我自己说起。

毕业典礼后为毕业生签名留言

　　5 月 5 日下午，我参加了高一辩论赛的决赛。决赛的辩题是"接受（或改变）现实更需要勇气"。赛后我与双方选手交流的时候说，当选择不存在时，或者说无可选择时，无论是接受现实还是改变现实都谈不上需要勇气。而当我们决定放弃眼前的既得利益去追逐未必能够实现的理想时，无论是接受现实还是改变现实都需要勇气。这里，我愿意讲两个自己经历的故事。

　　2007 年我第一次来到漳州开发区筹建附中时，是安徽的一所建校 50 多年的省示范高中校长。我在那里工作了 23 年，并且做了 11 年学校领导。那年的初夏，我从媒体上得知厦门大学在漳州校区与漳州开发区联合筹办其第一所附属中学的消息。从未想过"跳槽"的我，第一次认真地看完了一所学校的招聘启事。"创校"，瞬间点燃了我心中朦胧的教育理想。2007年9月3日，我抛家别子，走进了只有我一个人的"学校"。等待我的是一座滨海荒山和一卷蓝图。一切从零开始。在办学定位受到质疑、学校发展面临困境的2009年春天，我常常夜不能寐，心力交瘁。每一个早晨都在心脏的隐痛中醒来，每一个晚上都在醒不过来的担忧中睡去。不生气不恼火是假。但总觉得不到放弃的时候。我一直认为自己是个颇有个性的人，直到那时我才知道自己也会委曲求全。说到底，心中的火焰一直没有熄灭。并非没有动摇，但我想再坚持一下。等第一批老师招来后，我就再也没有动摇过。我多次说过，如果理想中的附中建不成，我就在这里做一个乡村学校的校长。中国有那么多的乡村学校校长，别人能做，我为何不能做？将事情想清楚了，负担也就卸下来了。坦率地说，一路走来并不顺利，开心的时候并不多，因为我们本可以做得更好。但我深知，走到今天，我只有感恩的权利。

我想用这个故事告诉同学们，我本可以在一所省示范高中继续做一个太平校长，但为了追求更美好的教育理想我选择了"改变"，开始了前途未卜的崭新历程。即使在今天，如果用世俗的眼光看，用普遍的价值尺度衡量，我依然不能理直气壮地说我当年的"改变"是一桩"合算的买卖"。但我丝毫不后悔，因为我在一个新的平台做自己喜欢做的事，我觉得自己是幸福和幸运的。在这次辩论赛之前，我从未思考过自己当年之"变"是否需要勇气。在辩论赛现场，当我想到自己当年从一所近4000师生员工的重点中学校长一下变为"孤家寡人"，而且又处在变动不居的开发区，那一刻，我觉得"改变现实"确实是需要勇气的。

第二个故事发生在 2009 年春天。2008 年秋季初一招生开学后，学校即着手准备 2009 年秋季高中招生事宜。摆在我们面前的问题是，附中没有初中毕业生，我们的高一生源在哪里？2009 年 3 月 20 日下午，在市教育局领导的关心和直接安排下，我参加了漳州传统四大名校高中自主招生联考工作会议。局领导和中教科领导是希望我们能够参加这次联考，以保证基本的生源数。这是一种莫大的信任和支持。然而，与会的兄弟学校领导，或直接或间接表示附中加入联考不合适。说实话，有领导的支持，如果我坚持参加联考应该是可以的。但我历来认为，办教育办学校必须坚守人格尊严。我觉得别人的"拒绝"并非没有道理，全市五六十所高中，为什么附中可以"破格"参加？其时，我们拿不出任何业绩可以证明自己。也就是说，当时附中没有资格与他们共舞，不享有同一对话平台。我们必须"接受"这样一个事实。在还有别的选择时，我们选择了"接受"。为什么？因为"接受现实"意味着我们接受了心灵的召唤。我觉得不违心灵是需要勇气的。那一刻，我们坚定了自己的办学目标：培育并不断提升一流的教育服务品质，用合适的教育办学生喜欢的学校。我们认为，学生喜欢的学校就是好学校。这既是附中人的教育理想，也是附中发展的现实路径。

到底是接受现实更需要勇气还是改变现实更需要勇气？听了这两个故事，我想同学们应该能够得出自己的判断。事实上，需要我们拿出勇气作出选择时通常不是最坏的时候，更糟糕的是我们有天大的勇气却没有办法作出自己的选择。我写过

毕业典礼后与毕业生合影

一篇文章《做成事最重要》，我说的"做成事"就是将附中办成一所学生喜欢的学校。这是附中的发展目标，也是我的教育理想。附中之路实乃多重价值冲突中的理性选择。为了"做成事"，我作过无数次的妥协。可以说，附中九年是处处时时妥协的九年。而妥协正是为了进步，为了改变。世界不是只有"我"或"我们"，附中的发展也许攸关在座各位，但与大千世界中的芸芸众生没有任何关系。自己的事只有自己想办法做！假如我们将这个过程视作创业，我想说的是，创业路上，最常见的不是成功和失败，而是长时间的苦苦挣扎。苏轼在《晁错论》一文中说："古之立大事者，不惟有超世之才，亦必有坚忍不拔之志。"唯坚韧不拔才谈得上"勇气"。

到底是接受现实更需要勇气还是改变现实更需要勇气？显然不能一概而论。如果我们心中有理想，要立志做一件大事，在"现实"面前，无论是"接受"还是"改变"都需要勇气。我深知各位同学都有各自宏大的人生理想。我以为，我们固然可以立志"为中华崛起而读书"，也可以选择"为让自己和家人过上好日子，做一个幸福的平凡人"而读书，还可以是为了别的什么而读书。总之，我们应当立志，要有理想，要有人生方向，要过有价值有意义的人生。当此毕业之际，勿忘初心，重谈立志，尤为重要。

明代思想家王阳明，37岁因忤逆宦官刘瑾，"廷杖几死，贬为贵州龙场驿丞。时龙场犹穷荒不文，守仁日与诸生讲学不辍"。他为求学者立下著名学规——《教条示龙场诸生》。该学规共有四条，其中第一条便是"立志"。他告诫学生："志不立，天下无可成之事。虽百工技艺，未有不本于志者。"在他看来，无论是圣贤豪杰，还是百工技艺，人人都有成就事业的可能，但是首先必须立志。王阳明认为，人是否可以成为圣贤，关键在于是否立下成为圣贤的志向。他说："故立志而圣，则圣矣；立志而贤，则贤矣；志不立，如无舵之舟，无衔之马，漂荡奔逸，终亦何所底乎？"没有舵的船，没有嚼子的马，随水漂流，任意奔驰，最终结果只能是一事无成。正因"不坠青云之志"，各位方能取得如今的学业成就；他日报效国家师长，焉能不志存高远！

在本学期的开学典礼上，我作了题为"追求卓越，拒绝平

合唱课

庸"的讲话。这里，我想将那个讲话的最后一段拿来作为今天讲话的结束语：无论有什么理想，无论作何选择，我们都应当追求卓越，拒绝平庸。追求卓越就是不可自甘堕落流于一般——务必自强不息，止于至善。拒绝平庸就是不负天资——务使天生我材，必尽其用。我们追求一流的教育服务，就是希望给未来的你保留一份美好，为未来的你奠定良好的发展基础。希望未来的你不仅快乐幸福，还能给更多的人带来快乐幸福。

最后，祝18岁的你，张开理想的风帆，勇敢地驾驭属于你的人生航船，乘长风，破万里浪，在理想的天地里自由翱翔！

谢谢！

2016年6月9日

成就梦想需要有坚强的毅力

——2018届初中毕业典礼致辞

亲爱的同学们，尊敬的各位同事、各位家长朋友：

大家上午好！

紧张的中考已成过去，不管成绩如何，大家都还要进一步接受高中阶段的教育。一般来说，你们当中90%～95%的同学仍然还会在普通高中读书，只有很少一部分同学会进入职业高中学习。其实，我希望有更多的同学选择职业高中。当然，一个不得不接受的事实是，只有一部分同学能够继续留在附中学习。我相信大家能够理解和应对这样的事实。我一直认为，合适的教育就是最好的教育。厦大附中致力于学术型精品高中的建设，其突出的特点是，对文化课学业水平的基础要求较高。因此，不是所有的高中生都适宜于附中的高中教育。令人欣喜的是，过去七届初中毕业生中绝大多数同学，不管在哪所高中就读，都得到了很好的教育，获得了很好的发展。你们就更为幸运，各方面条件都不逊于附中的海滨学校高中部今年招生，一部分同学将成为海滨学校的首届高中生。今后，两校

毕业典礼上师生相拥而泣

间会有超乎寻常的紧密联系，因此可以说，大家并未离开附中。

同学们，当此毕业之际，我想说，人不能没有梦想，而梦想的实现需要行动，需要毅力，需要自控力。我几乎可以肯定地说，你们当中的某些人，输在缺少梦想；输在虽有梦想但没有行动；输在有梦想也有行动但缺乏毅力、自控力。归结起来，毅力和自控力的缺乏将使人断送一切美好。所以，我今天讲话的主题是：成就梦想需要有坚强的毅力。

我想讲几个身边的故事。

2012年秋季开学，张鹏和萧垚两位同学走进附中。在8个班377名高一学生中，张鹏的入学成绩排名为第345名，萧垚的入学成绩排名为第331名。应该说，他俩的入学成绩都不理想。按照这个名次，高考只能上二本。我有一个习惯，每一次考试，全校所有同学的成绩我都要看一遍。他俩之所以能引起我的注意，是因为我发现他们每一次考试都在进步。到了高三上学期，在我的提议下，举办了一次他们的学习体会专场交流会。我全程参加了那次交流会并讲话。2015年高考，张鹏取得642分名列年段第10名的优异成绩，被北京理工大学录取；萧垚取得634分名列年段第14名的优异成绩，被厦门大学录取。据我所知，张、萧二位同学都是有理想、有梦想且为之付诸行动的人，他们不甘落后，不抛弃，不放弃，有毅力，自控力强，最终梦想成真。自甘落后与奋力向前，最终结果是大不一样的。

这几天，2014届附中毕业生大学毕业的信息不断出现在我的微信朋友圈里。2014届是我校第三届毕业生，高考一本达线率首次突破80%，几乎100%的同学上了大学。2014届高中毕业生中，有一部分同学是附中开办后招收的第一批初中生，我一直关注着他们。这里我选择其中两位同学的故事与大家分享。

李名镜同学是附中的"开门弟子"，他从小学到高中都在开发区就读。2008年进入附中，2014年毕业，高考以优异的成绩考入北京师范大学，现被保送至北京大学读研。2018年是附中办学十周年，名镜用十年时间，从附中的大门迈进了北大的大门。他在给我的信中谦虚地说："自知不是颇有禀赋之人，不能无师自通，亦不算思维敏捷。从小学、中学到大学，惟有脚踏实地，勤以补拙，常思不足而已。"

他认为有三件事很重要。第一重要的是要找到学习的动力。他最初的动力，一是为了少让父母操心，因此在学习上一

附中 2008 级初中学生李名镜，2018 年由北京师范大学保送北京大学读研

向比较自觉；二是觉得学习和思考给自己带来了一种纯粹的乐趣，尤其是解出一道数学题后会感到由衷的欣喜。后来他认识到，良好的学业成绩往往还意味着更多的资源和机会。第二重要的是不要太在意一时的得失。他的成绩从小学起就一直很优秀，初中基本牢牢占据年级第一的位置，高中阶段基本未跌出年级前三名。然而到了高三下学期，一次考试失常导致心态崩溃，到高考前都未调整过来，最终高考也没有正常发挥。他说："我常常想，要是早点有一次考试失常，或许我就能多点时间调整适应。一帆风顺有时并不是好事。随着年龄增长，经历增加，大家会慢慢发现，生活中从来没有'容易'二字，挫折和失败才是常态。知道了生活的残酷还能坚持下去，才是真正的勇敢。"第三重要的是要有自己的坚守。他认为，有自己热爱的事并能为之努力奋斗终身的人是幸福的，兴趣既可以成为你

学习的动力，也能让你不太在意一时的得失。我们从名镜学长的经历和感悟中可以看到梦想、奋斗和坚持的力量。

吴紫彦同学也是附中2014届高中毕业生，高中学业成绩优异，但高考发挥失常，被一所比较普通的一本院校录取。但她不满足于现状，不屈服于挫折，不放弃理想，努力创造机会，争取到更知名的大学深造。大二的时候，她毅然选择了学校的对外合作项目，在美国的一所普通大学度过了大学后三年的学习生活。今年三月份，她收到了美国斯坦福大学的录取通知书，终于迈进了全球著名大学的校门。她说："这份沉甸甸的录取通知书，证明不了我拥有什么样的能力，它只是给了我一个新的开始，让我知道过去四年心中燃烧的最初的理想之火仍未被生活扑灭。"她还说："我努力地念书，努力地找机会做科研，想在专业中做出一些成就，想去好的研究院，以期在专业上拥有更多的平台和机会。其实在美国的三年，我没有把自己的梦想摆在多耀眼的位置，只是一直往一个模糊的方向走，一直走，没有停下。我现在回想起来，觉得当时的自己拥有的那些勇气和坚持，让现在的自己很佩服。我从未想过我可以用四年去为一个曾经觉得不切实际的梦想努力，我曾经以为我没有这样的坚持和勇气。但是，在我一边不相信自己一边不甘心活在当下的心情中，我居然慢慢在向自己的梦想靠近。这种感觉真的很神奇。"

她在给我的短信中说："我很感恩我的父母，他们在我的成长中给了我很多坚定的支持。除了父母之外，我最感谢的，并且最怀念的，就是附中。附中在我人生观和价值观的形成过程中起到了很多的积极作用。附中的老师们，是我在国内遇到过的最好的、最称职的、最在乎学生的老师。附中的朋友和同学，是我这么多年学校生活中遇到过的最单纯、最真心的朋友。我很感谢附中。附中的这段经历，在我的人生中起到了至关重要的作用，一直在鼓励着我往前走。"

各位同事，紫彦同学的这番话无疑让我们更加坚定了以学生成长为核心、办学生喜欢的学校的办学方向。德国教育家第斯多惠说："教学的艺术不在于传授本领，而在于激励、唤醒和鼓舞。"就知识乃至能力而言，我们在课堂上所教甚少，远不敷其终生使用，而精神涵养和人格塑造将会使学生受用终生。教学相长，学生何尝不是我们的"先生"！

名镜和紫彦的故事让我想起了那句话：梦想还是要有的，万一实现了呢？就天分而言，在座的所有同学与他俩不会有什么差别。如果说有差别，我觉得差别就在我们的理想不明确，我们追逐理想还不够克己、坚定和努力。"天下难事必作于易，天下大事必作于细。"如果你连类似手机这样的诱惑都抵挡不住，连起居作息都无法自控，还谈什么做大事、难事呢？苏轼在《晁错论》中说："古之立大事者，不惟有超世之才，亦必有坚忍不拔之志。"所以，我要告诉同学们：成就优良学业的机会有的是，你不必担心暂时的知识和能力差距，关键要练好坚忍不拔之志。

再讲一个故事。有位书生秉烛夜读，彻夜背诵《岳阳楼记》，有个梁上君子伺机偷窃。令这个小偷没想到的是，这个书生天分不高，背了几十遍也没能背下来，一直没有下手的机会。直到小偷已经会背诵了，书生还没能背下来。小偷生气地从房梁上跳下来给书生背了一遍《岳阳楼记》后扬长而去。大家知道这位"笨蛋"书生是谁吗？他就是晚清著名政治家曾国藩。曾国藩的功绩和成就无须赘述。毛泽东有言："愚于近人，独服曾文正公。"但就记忆力而言，曾国藩的天分确实不能算高。我没有考证这个故事的真实性，但宁可信其有。这个故事告诉我们那个重复了无数遍的真理：勤能补拙。而"勤"是需要坚强的毅力和自控力的。意志、毅力、自控力后天是可以培养的。家长和老师有这个责任，但更重要的要靠自修。你要相信，绝大多数时候，命运是掌握在自己手里的。

为此，我推荐两本书，一本是美国著名人格心理学家沃尔特·米歇尔的《棉花糖实验》，另一本是澳大利亚心理学家迈克尔·霍顿的《自控力成就孩子一生》。大家未必能完全看懂，但简单翻翻对修养提升是有帮助的，哪怕只凝结为一个信念：我要做自己的主人！

这里，我简要介绍一下那个著名的棉花糖实验。你能记住这个实验并能有所启发即可。沃尔特·米歇尔博士在斯坦福大学附属幼儿园进行了这个实验：4岁孩子坐在桌前，桌上放着一块棉花糖。研究员对孩子说："我现在要离开房间，如果你在我离开时吃，只可以吃一块。但如果你能等我回来再吃，我会再给你一块。如果你在我离开时吃了一块，就没有第二块了。"孩子们点点头，然后研究员离开了。一些孩子不假思索立即吃掉了第一块棉花糖，只有30%的孩子选择等待，拿到了第二块棉花糖。参加实验的孩子18岁时，沃尔特·米歇尔作了跟踪调查，发现那些等待时间长的孩子，学业成绩明显超过等待时间短的孩子，他们的大学入学考试成绩（SAT）平均高出210分。成年后，其他方面也显示出优势：社交能力更强、事业成功、家庭和谐、体质指数更胜一筹。这个实验让我们看到了自控力对孩子一生的影响。其实，随意观察一下身边的人，都不难发现自控力的重要性。《棉花糖实验》这本书，被称为自控力养成圣经。冲动是魔鬼，遏制魔鬼的最好办法是自控。

最后，我将今天的致辞归结为两句话：只要有梦想，精彩的人生是可以复制的；有多强的自控力就会有多辉煌的前途！

谢谢！

2018 年 6 月 26 日

希望你们从今天开始真正坚强起来

——2014 届初中毕业典礼致辞

尊敬的各位同事，亲爱的同学们：

大家上午好！

两周前，我们送别了高三同学，今天我们将用这个仪式来为大家漫长人生中经历的一次短暂的学习阶段作个纪念。你们初中毕业了，顺利完成了义务教育阶段的学习。从此，你们摆脱了教育的强制性，开始拥有了受教育的自主选择权。因此，与其说这是一场庄重的毕业典礼，还不如说是愉快的暑假之旅的开启仪式。我要首先祝贺大家，祝贺你们获得了更进一步的教育自由。

初中是人生的重要阶段。在这个阶段，我们从少年儿童成长为青年。在这三年里，大家的容貌、身高、体态、声音完成了一辈子当中最剧烈的蜕变。大家不妨将三年前的照片与现在的照片进行比较，你会发现其中发生了令你难以相信的变化。这个变化昭示了同学们的成长。这里，我要真诚而负责任地告诉同学们，你们在最好的老师的哺育下，在家门口、在最美的

校园中完成了最有质量的中国式的初中教育。你们是幸运的！不管文化课学业基础以及中考成绩如何，附中的教育将使你们受益一辈子。这里，我提议，让我们用最热烈的掌声感谢敬爱的老师们三年来的辛勤付出。

厦大附中建校六年来一直致力于培育并不断提升一流的教育服务品质，用合适的教育办学生喜欢的学校。我相信同学们是喜欢附中的，喜欢附中的老师，甚至也不反感我这位与你们朝夕相处的校长。但我深知，当你们走进课堂，坐在课桌前，打开书本或面对考卷的时候，其中一定也有少数同学并不喜欢当下的教育。这也正是老师们无奈而又无助的地方。虽然学

参观厦漳大桥展览馆

校尽了最大努力，作为校长，我仍然为不能向每一位同学提供合适的个性化的教育服务而感到遗憾。因此，如果在未来的某一天，你要抱怨母校，我也不会因此责怪；倘能在任何时候都能得到你由衷而深刻的理解，我将尤其感到宽慰。所以，在这里，我还要提议大家用掌声向那些一直在学习上未能得到很好照顾却依然与我们不离不弃、文明友爱、和谐相处的同学，表示真诚的敬意和感谢。

如果说，三年前进入初中学习，是你、家长、学校、老师和社会要共同完成的法定任务，那么，从今天起，你可以开始运用你相对自由的选择权。你一定要用好这个权利，要选择最适合你的教育。在知识社会，终身学习是一种无法回避的生存方式。在适当的时候做适当的事，是最简便最经济的处世法则。作为刚进入青春期的你们，选择继续深造是明智之举。我自然要预祝你们当中的一部分同学将要继续升入附中高中部学习。毫无疑问，这是一份荣誉，但同时也是一份责任。诸君将要开启的学习之旅必将荆棘丛生、困难重重。当然，这也是最重要的人生训练场。相信你们一定能不负老师们的期望。我预祝同学们不负高中三年的韶光，最终升入理想的高校。我相信三年后的今天，你们一定能够收获成功的喜悦！我甚至已经隐约感觉到了那份喜悦。然而，此刻，最让我挂念的还是那些将要离开附中校园选择新天地的同学。我相信，尽管你们用很长时间作了很好的思想准备，但毫无疑问，你们将要经历的人生的第一次重大挫折仍然会狠狠地撞击你们尚显稚嫩的心灵。我希望你们从今天开始真正坚强起来。我觉得合适的教育才是最好的教育。从这个角度看，离开附中选择更适合的学校未必是坏事。母校终归是人生旅程中的一个温暖如家的驿站，这里有爱和思念，但选择远方，追逐理想，更应视为生命的意义所在。我坚信，只要你在附中用心生活过，你被濡染过的精神和被滋养过的心灵，会带你抵达理想的彼岸。

凤凰花开，正是带着行囊和嘱咐闯天下的时节。当此告别之际，老师祝愿同学们做一个能够主宰自己生命、拥有并给更多人带来幸福和快乐的人。

谢谢大家！

2014 年 6 月 24 日

人性美是创造幸福人生的动力

——2015届高中毕业典礼致辞

各位尊敬的同事，各位亲爱的同学：

大家上午好！

在凤凰花开的时节，我们迎来了一个注定要到来的时刻——毕业典礼。不知道大家注意到没有，七年前种在知行楼下的六棵凤凰木今年终于开花了。在附中这块原本贫瘠的土地上，它们努力了七年才绽放出辉煌。花开的声音需要静听！我从中得到的启迪是：教育需要静心等待，成长需要款步徐行。当然，我更相信这预示着，同学们经过高考的洗礼，必将迎来生命中的再次辉煌。

对于这样一次逃避不掉的讲话，我在内心已酝酿很久。坦率地说，我备感压力。你们在附中求学三到六年，已经听过我很多次讲话，我不想再重复，也不想再啰唆。但职责所在，角色使然。在今天这个时刻，谈中学生如何读书做人，我觉得已经没有这个责任；谈大学生如何读书修身，我觉得没有这个义务；谈怎么发财致富，我觉得没有这个能力；而那些名言警句、心灵鸡汤，聪明的你们亦可自求。所以，关于你们，我不想再谈。我想谈谈自己，谈谈我的遗憾。

不久前，文学社的同学让我给你们写一篇短文。我写了《走过夏天，你会更美丽！》，文章的最后是这样的："我们将要挺进高考考场。但这里远不是终点，充其量是人生旅途的一个寻常驿站。一夜宿营，当晨曦初现时，你还得背着行囊踏着朝露向前奔。这里没有失败者，走到这里的人都是胜利者。拥有就是幸福，你要好好享受。这里，不能决定你未来是胜利抑或失败，你要做的是丢掉包袱轻松上路，认准下一个驿站充满信心地奔过去。读书不仅是过程也应当是目的，不仅是竞争工具也应当是生活本身。我们要幸福地读书，幸福地生活。""每当我看到返校的校友那光彩的笑脸和自信的眼神时，我就坚信：走过夏天，你们必定会更美丽、更帅气！""走过夏天，前方的路还远，我希望你做一个'幸福的平凡人'！"此刻，我当然可以高兴地说，大家都是胜利者。

"做一个幸福的平凡人"，是2012年首届高中毕业生离校之际我写给他们的毕业留言。那以后我经常想，附中学子幸福吗？附中的毕业生将来幸福吗？附中人能做一个名副其实的"幸福的平凡人"吗？我不能理直气壮地肯定回答。作为一所高中学生百分百要升入本科、近九成要进入重点本科就读的中学来说，不努力做好升学教育，社会不答应，家长不答应，你们和我们也都不会答应。所以，一个毋庸回避的事实是，强烈的使命感和责任感，使得附中的师生都异常专注和刻苦。教育不相信奇迹，成就源自永不懈怠地努力。学校既然是读书的地方，"刻苦"就应当永远值得赞许。刻苦读书与快乐学习并不必然构成一对矛盾。刻苦读书的人不见得学习不快乐，可能越刻苦读书的人反而是学习越快乐的人。在附中的校园里，手不释卷的人一直是我们敬仰和仿效的对象。如果说，在"专注"和"刻苦"中，我们依然还觉悟到作为附中人的幸福感，我想，其中一个重要原因是，各位在附中受到了学校和老师的充分尊重，大家享受到了自主选择的最大自由。"尊重"和"自由"使我们于苦中尝到了甜蜜。厦大附中一直致力于围绕学生培育并不断提升一流的教育服务品质，用合适的教育办学生喜欢的学校。尊重生命的固有价值，实施人道的应试教育，倡导稍稍有一点诗意地栖居。因此，我可以说，老师们已经尽力了！而我的遗憾恰恰在于，有着良好口碑的"附中教育"仍然不是

| 让教育更加尊重生命

完美无缺的教育。我们固然可以自豪地说，附中给大家提供了最好的高中教育，但作为校长，我完全没有底气说，附中给大家提供了"教育的全部"。我们虽全力维护和创造属于你们的"色彩"和"旋律"，但远未到达理想状态。当此别离之际，我要真诚地告诉大家，在学校，那些人生中最重要的知识我们并未得到更好的训练，或者说被反客为主的应试教育喧宾夺主。今天你们要离开母校，真正的人生也许从此刻才算开始。但愿你们能够用一生的时间来复习在附中所学的那些被应试暂时"遮蔽"的更有价值的知识，从中找寻人生真谛。从这个角度说，真正通往幸福的大门此刻才算打开。

几乎对所有人来说生活都是平淡如水而略有苦涩味的，能否品尝到其中的甘甜要靠我们自己修炼。幸福就在我们手里，要看我们有没有智慧和能力来把握。幸福是一种感觉，那时那地你感觉幸福于是你就是幸福的；对这种感觉的回忆令你幸福，回忆的那一刻你又是幸福的。对幸福的感觉与拥有金钱的多少、地位的高低、身世的尊卑和获得成就的大小没有必然的关联。平民自有平民的快乐，上帝自有上帝的烦恼。不必追求所谓永远的幸福，其实我们每个人都不缺幸福；不必羡慕别人的幸福，其实那幸福背后有你不知道的痛苦。

我的体会是，无论身处何种境地，幸福总是源自"人性美"。只有不断地发现和奉献人性美，才会有源源不断的幸福！幸福存在于和谐的关系中，在人与自然、人与社会、人与人的关系中。而我的遗憾是，我们没能用更多的精力引导大家学会建构这种"关系"，虽然我们作了许多尝试和最大可能的努力，但事实上我们原本可以做得更好。这里我要说的是，即使在逆境中，在面对敌人的时候，我们也能够通过调适好"我与他"的关系从而发现人性美，感受到人心的柔软和温暖，进而获得幸福感。我无法长篇大论，我想请同学们回想一下电影《辛德勒的名单》和《美丽人生》。如果没看过，我建议大家在即将到来的轻松假期里看一看。你会发现，一旦某种缺乏理性的政治力量失效后，敌人就变成了"人"，人性的光辉也就失而复得。而李密的《陈情表》、林觉民的《与妻书》、韩愈的《祭十二郎文》、归有光的《项脊轩志》等文以及《人鬼情未了》等电影，传递出来的都是人性的温暖。举凡优秀的文学作品，无一不是通过展现人性美让我们感受到人间的美好。我提醒大家，你们一点都不要怀疑，在现实世界里，这种能带给我们幸福感的"人性美"是随处可见的。沉浸在这种美的幸福中，对你的发现能力并无苛刻的要求，只要你具备正确的思路和坚定的信念。也就是说，每个人的人生都可以是幸福的！

显然，一个永远只会索取的人不可能拥有"和谐的关系"。所以，在享受人性美的时候我们必须奉献人性美。奉献的方式方法有多种，但一个基本点是你必须对这个世界友善。这一点都不难，我们不妨从此刻作个尝试：不管这两天考得怎么样，典礼结束后，你们都要用一种恰到好处的态度和表情去见你们的父母。你们一定会发现，自己是有能力带给父母幸福的人。

最后，我将这次讲话归结为能够记得住的一句话：人性美是创造幸福人生的动力。我们要做的是不断发现和持续奉献！相信大家在附中三年积淀的"良善"一定会给自己带来一辈子的幸福。那些到此为止能够令你们立刻忆起的温暖以及太多可见可感可用语言描述的校园生活瞬间，都不算附中文化的精

王艺潼、杨森婷、林舒晴、陈致至、林彦辰五位同学的个人作品集，在高三上学期同时出版。2018年12月16日下午，学校在厦门大学本部为五位同学举办新书发布会。厦大附中校友、厦门大学哲学系2017级学生游钰泓主持。

髓。当有一天你们能够平静而游刃有余地处理好各种"关系"，并能深刻地感受到奉献的快乐时，你们一定会想起母校的！因为你们在附中的优秀表现，我有理由相信，我今天的遗憾一定会赢得未来更大的欣慰。验证定然不远。老师祝福你们！

尊敬的各位同事，我的遗憾并不等于附中的遗憾，更不等于你们的遗憾。我的遗憾，本质上是关于当下教育的遗憾。我可以不谦虚地说，附中是最好的学校，你们是最好的老师。我以与你们共事为荣。我从小受到祖父母和父母的宠爱，受到弟妹们的忍让，得到亲朋好友的过奖，无数次获得老师的表扬和同伴的鼓励，更多次地得到学生的谅解、同事的宽容以及领导的不吝嘉许，尤其是我一直浸润在妻儿的关爱和无与伦比的家庭幸福中。因此，我一直将世界想象得无比美好。即使在遭受挫折和欺骗时，我依然难改天真。我憧憬的世界是众生平等、和谐友善，生命皆有尊严，天下同为一家。我自认为是现实主义者、存在主义者，懂得妥协和中庸，但大家认为我是理想主义者和完美主义者。也许我就是同事们说的"相处越久越难以定义"的校长吧。我感谢大家对我的帮助，也恳请各位理解我这次也许并不妥当的讲话。我坚信，以各位的懿德、学养和勤勉，不单能够毫无悬念地引领在座学子叩开幸福之门，也一定能为附中赢得更加辉煌的明天！

我用下面这句话来结束这次主题并不鲜明的讲话：世界再大，大不过理想的天空；有理想就拥有世界！

谢谢老师和同学们！

2015 年 6 月 9 日

学生的全面自觉是最有价值的校园文化

各位老师、同学们：

2012 年校秋季田径运动会暨第二届"三个一工程"·校园文化月活动今天拉开帷幕。本届运动会共有 1071 位学生和 129 位教职工参赛，设男子 10 个单项、2 个集体项目，女子 9 个单项、2 个集体项目，教工男女各 4 个项目，赛程安排 2 天半。本次运动会，除了激发同学们积极参与运动的热情、锤炼意志、培养集体主义观念以外，还要继续从中发现和选拔一批有体育特长的学生，通过进一步培养，代表学校参加更高一级的中学生运动会，为学校争光。对于高中同学来说，如果确有专长，经过科学的训练，以此作为升学的途径，未尝不是一件好事。

学校体育必须与竞技体育和商业体育、体育产业保持适当的距离。教师和专业的教练员也是有区别的。体育是关于身体健康的教育，所以，体育就是"育"体，需要贯彻终身教育的理念。身体出问题一般不会在青少年时代，因此体育是真正为了未来的教育。教师要在普及运动知识、培养基础的运动能

校运会上呐喊助威

力的基础上，着力培养学生的运动习惯、运动意识，使之一生
受益。养成良好的健身习惯，掌握基本的运动和健身技巧，是
现代人必须具备的基本素质。组织好田径运动会和各类单项活
动，是增加校园色彩、丰富学生业余生活的重要途径，它必然
能够引导更多的人珍视生命，爱护生命，积极生活，促进学生
全面发展和学校各项工作不断创造新成绩。

　　为了便于同学们记住我今天讲话的主旨，我首先将下面要
讲的内容概括为一句话：学生的全面自觉是最有价值的校园文
化。以下内容是我对这句话的解释。

　　在现代汉语里，"自觉"一词有两个含义：一是动词"自
己感觉到"的意思；一是形容词"自己有所认识而觉悟"的
意思。我这里说的"全面自觉"指的就是"自己有所认识而觉

悟"。毫无疑问，"自觉"属于哲学范畴，甚至有很多宗教层面上的内涵，我们不必深究，就理解为"不需要提醒"好了。不需提醒，这就是自觉。有句话很通俗也很经典，那就是"素质就是不需要提醒"，也就是说素质高的人就是自己能够恰当地做事的人。"全面自觉"就是指所有人在所有的时候都不需要提醒，我们每个人在任何时候都自觉地做着我们应该做的事。就是这种状态。一个人的"自觉"程度决定着一个人的生存价值。最有价值的人生是高度自觉的人生。

什么是"校园文化"？我觉得可以这样来理解，就是校园里一切可以观照到人的"精神"的因素，无论是物质的还是非物质的，都可以称为文化。哲学家尼采说，文化的特征是一种独特的风格的统一性。作为具有"强制性"建设标准的中学而言，追求"独特"是很困难的，但追求一种"风格"是可以的。厦大附中应当有一种"风格"。无论与其他学校有多少相似之处，这种"风格"是我们可以感觉到并能说出来的。关于校园文化，我曾表达过这样一些看法，譬如：文化应使学校更像学校；"我"即文化；校园文化建设的核心是人；建设校园文化很容易，建设有价值的校园文化很难；对制度的态度可以构成文化，而对制度的敬畏是最严肃的文化；等等。

对"自觉"和"校园文化"进行一番解释后，我要给出两者之间的逻辑：学生的全面自觉是最有价值的校园文化。

作为一所高定位的中学，厦大附中必须立足学生的终身发展而不能只顾眼前利益。必须承认，很多时候，学校的利益与学生的终身发展之间是存在一定冲突的。同时，学生自己的眼前利益与其终身利益也存在一定冲突。我的这个提法可能让你吃惊，但道理是显而易见的。因此，我们，包括老师和同学，时刻面临着一种抉择：是迎合还是坚守？这种选择考验着我们的胸怀和品格。最伟大的人是生活在理想当中的，而追求理想往往是以牺牲现实利益为代价的。所以可以说，最有理想的人是最敢于"牺牲"的人，这是一种生活法则。作为老师，我特别愿意将校园这个舞台交给你们，希望你们能够成为这个舞台上的主角，不仅做学习的主人，还要勉力成为校园的主人，在这个多彩的舞台上养成富有理想和牺牲精神的品格。"主人"需要担当，意味着更大的责任。自觉就是要克制，而克制需要理想和牺牲。如果每一个附中学子都有这样的"自觉"，也即时刻思考着，是有理想的，愿意为理想作出牺牲，那么，这样的文化力量将是无可估量的。

社团纳新

观澜文学社海报

我相信，付出和服务是一种福分。在座的学生干部和志愿者们，你们应当感到幸福和自豪，你们拥有了比别人更多的成长机会，你们用来感恩的最好方式就是服务他人，帮助他人。个体自觉和集体自觉是两个不同的概念。集体是一种独立的存在，具有独立的价值，并不简单等于全部个体的总和。所以，我不仅希望每一个附中学子是优秀的，也希望任何一个有附中学子参与的集体是同样优秀的。我希望同学们多作这样的反思：在附中求学阶段，我在学校做过什么样的服务，我为同学做了什么，我为他人做了什么。我坚信，如果有一天我们有一点后悔，那一定不是因为替别人多做了什么，而是未能为别人做点什么，而"这一点"又是我们有能力做的。能够帮助别人，是上帝给你的最高奖励，我们为什么拒绝这种奖励呢？

世界不会是十全十美的，能够看到什么样的风景取决于我们的视角和心态，我们要学会换位思考，要多替别人着想，战胜困难的最锐利武器是包容而不是抨击。从某种程度上来说，世界会因我们的态度而美丽。

最后我想说，我们今天在这里集会的意义在于，用我们的担当唤起全体附中学子的"自觉"。

谢谢大家！

2012 年 11 月 30 日

勉力做一个好人

尊敬的各位同事，亲爱的同学们：

大家新学年好！

金秋九月，硕果飘香。在这美丽时节，我们迎来了2016—2017学年。在此，我谨代表学校向老师同学们致以新学期的美好祝愿。向承载着父母嘱托，胸怀成人成才志向的2016级初一、高一新生表示热烈欢迎。在第32个教师节即将来临之际，向投身于神圣的教育事业的老师们表示衷心的祝贺和感谢！

在刚刚过去的2015—2016学年，我校在基本建设、办学条件、校园文化、学校制度、师资队伍建设、课堂改革和教学质量等方面均取得优异成绩。

2016届高考，一本达线率82.26%，再创新高；二本达线率99.33%。高考总分理科漳州全市前10名3位、前20名5位，文科前5名1位。文理科共101位同学被"985"名牌高校录取，186位同学被"211"高校录取。考取"985""211"高校的比例分别达到23%和42%，均名列全市第一。其中，"六年制"高三蔡东龙、郑凌峰同学双双被清华大学录取，曾莛葳、陈逸超同学分别被世界名校澳洲国立大学、美国伊利诺伊大学录取，高一15岁的詹昱辰同学被中科大少年班录取。学校首次获得"漳州市教育教学质量功勋学校"称号。

2016届中考，我校综合比居漳州全市171所生源不择优的公办学校第一名，连续六年稳居全市前三；本校高中录取87人，系历届之最。获得"2016年漳州市中考教育教学质量先进学校"称号，并继续获得"漳州市初中教育教学质量'信得过'学校"称号。

学科竞赛方面，本学年"数、理、化、生、信息"五大奥赛，我校共有51位同学获得省奖，占全市的30.2%。其中省一等奖6人，占漳州市（13人）省一等奖的46%。蔡东龙同学

"小记者"活动

斩获全国化学奥赛决赛银牌，创漳州近 30 年奥赛最好成绩。

在第十八届全国新概念作文大赛中，我校高三林怡滢、庄子鲲两位同学获得一等奖，占全省获全国一等奖人数的一半；福建省共 7 人获全国奖，我校占 5 人。在全国中小学生创新作文大赛中，我校获奖人数也居全省前列。另外，学生在《中国校园文学》《少年文艺》《作文通讯》《闽南日报》等公开发行的刊物上发表作品 70 余篇。高三郑凌峰同学的作品集《局外集——一个中学生的案边废墨》由吉林大学出版社正式出版。

在第十五届全国英语创新大赛中，高一石鸾屿同学荣获全国一等奖，是近三年该赛事中我校获得的第三个全国一等奖。还有两位同学获全国二等奖，一位同学获全国三等奖。

另外，还有 200 多人次在省、市各类竞赛中获奖。

因为办学业绩突出，学校荣获了福建省总工会颁发的"五一劳动奖状"。

可以说，我校教学质量已处在全市的领先地位，学生综合素质得到全面提升，为学校进一步跨越发展奠定了良好基础。新学期开学后，我校有 61 个班级，在校生 2667 人，教职工 333 人，其中教师 220 人，是一所较大规模的完全中学。

同学们，站在新学年的起跑线上，你们将在厦大附中接受价值塑造、能力培养、知识传授"三位一体"的教育，学会做人，学会洞悉自然、人生和社会，为成就美好的未来作好准备。在此，我想将我今天讲话的题目确定为"向上，向善，做个好人"。

在某问答类网站上有这样一个问题："在厦大附中学习过是种怎样的体验？"许多回答这个问题的同学都提到了一句

话——做一个幸福的平凡人。做一个幸福的平凡人，是我在2012年高考前一天写给学生的留言。我说过，我们大多数人生来平凡，平凡是我们的本色，是我们灿烂人生的底色。但平凡不同于平庸，我们可以甘于平凡但不可甘于平庸。我们生于兹世兹时，应该有所担当，应当于平凡中努力追求卓越。我们来到附中，应当思考为何而来，更要思考怎样才是不虚掷岁月。

在刚刚落幕的第31届夏季奥林匹克运动会上，一个名叫傅园慧的运动员意外走红。她说自己在女子100米仰泳半决赛中用了"洪荒之力"。一时之间，这个词传遍了大江南北。但我们也不要忘记她在采访中还说到，鬼知道她经历了什么，奥运会训练真的太辛苦了。是的，我们或许已经不需要一枚金牌来证明自己的强大，但永远也不要低估一颗想成为冠军的心的力量。唐太宗李世民在《帝范》中说："取法于上，仅得为中，取法于中，故为其下。"如果没有一颗"向上"的心，女排姑娘们无法以小组第四名的成绩最终夺冠；如果没有一颗"向上"的心，葡萄牙男足无法以小组第三名的成绩捧得欧洲杯。在所有人都不看好你的情况下，是"向上"的心，让你长出飞翔的翅膀。

不经历风雨，怎能见彩虹。向上的过程，伴随着成长的阵痛。想要"痛并快乐着"，就需要成为一个"向善"的人。在前几天的首届"亦乐之星"颁奖典礼上，高二（2）班"爱心之星"曾雪婷同学的话令我印象深刻。她列举了自己生活中一些助人为乐的平凡小事，虽然在旁人看来，这可能只是单纯的付出，有时得不到回报，甚至还有可能被人误解。但雪婷同学却愿意坚持初衷，不求回报。集腋成裘，积善成德，她清楚地

志愿者在行动

懂得，助人方为快乐之本。每到学期初和学期末，学校志愿者服务队的同学们总是热心地维持校园交通秩序，他们被附中人亲切地称为"爱心小红帽"。你时常能看到他们脸上洋溢着幸福的笑容。希望这快乐的笑容能感染更多的附中人。

所以，我将对同学们的无限期待概括为：用向上的进取心和向善的情怀，勉力做一个好人。

最后，祝全体教职员工身体健康，工作顺利！愿同学们珍惜时光，快乐成长！祝愿我们的学校蒸蒸日上，越办越好！

谢谢大家！

2016 年 9 月 1 日

中 编

尊重，与高远的目标相联结

我们为着一种崇高的追求而来

——带你认识我们的学校

尊敬的各位同事，亲爱的同学们：

大家上午好！2014—2015学年度今天正式开学上课了。首先，我代表学校向初一、高一的新同学和新入职的七位新老师表示热烈欢迎。我讲话的题目是：我们为着一种崇高的追求而来——带你认识我们的学校。

对于附中而言，2014—2015学年也许只有纪年意义，但对于刚进附中的新老师和新同学来说则意义非同寻常。你们的人生将从今天开始，翻开与以往完全不同的崭新一页。

在开学之际，我想通过今天的讲话，帮助各位新人认识我们的学校，也与其他老师和同学一起重新审视一下我们的附中。

我们的附中是一所什么样的学校呢？

首先，我们的附中是一所欣欣向荣的新学校。2014年对于附中来说，应当是一个值得纪念的年份。附中2008年第一年招收的初一学生中有57人陪伴附中走过并不短暂的六年。他们在这里从十二三岁的少年成长为十八九岁的青年，他们见证

校园跳蚤市场

了附中发展的全过程。今年，他们从附中高中部毕业了。这57位同学，高考全部达到了本科线。其中，李名镜同学取得了高考理科成绩645分的高分，被北京师范大学录取。问我航程有多远——2008到今天。从今天开始，附中办学开始迈进第七个年头。年轻真好！充满活力，充满希望！

我们的附中是一所美丽的学校。在这依山面海的厦门湾南岸、南太武山麓，附中像一颗璀璨的明珠镶嵌在东海之滨。学校占地278.43亩，规划建筑面积11.6万平方米，目前已建设近8万平方米。本学期在校学生有55个班级2335人，教职工283人。正在建设的艺术中心和即将建设的游泳馆，将在很大程度上提升附中的办学品位。如果说今天的校园已让我们陶醉，我敢说，明天的校园更值得期待。附中的校园美，但更美的是附中的老师和同学。庆幸的是，我们身处其中。要特别提醒的是，我们在欣赏美的时候别忘了创造美。我要说，美的主体正是我们各位。于人而言，七八岁正是始龀之年。西方有谚曰"七年之痒"，意谓每过七年人体细胞要彻底更新一次。同样，七岁的附中也正在酝酿新一轮的飞跃。一个更美丽、更富有魅力的附中正在破茧羽化之中。我要祝贺在场的诸位，我们是附中新一轮发展的参与者，继续建设好附中的重担落在了我们的肩上。

我们的附中是一所拥有良好口碑的优质学校。初步呈现出办学特色鲜明、文化特征显著、质量全面优质、服务能力强的学校形象，是学生喜欢、家长信任、社会认可的学校。在过去的一学年里，我们取得了许多值得称道的成绩。

高考成绩继续改写历史："本一"达线率80.42%，本科达线率 99.48%；"2＋8＋8"名校录取 11 人，"985"重点高校录取 45 人，"211"重点高校录取 101 人，海外大学录取 2 人。特别是黄永迎同学被北京大学录取、年仅 15 岁的林嵘灏同学被中科大少年班录取。这说明厦大附中不仅能够为全体学生提供合适的教育从而大面积提升办学质量，而且在拔尖学生、早慧学生培养方面拥有可行的办法和成功的经验。

中考成绩继续再现辉煌：综合比 70.81，在 172 所生源不择优的公办校中排名第一。学校连续四年被授予"漳州市初中教育教学质量先进学校"称号，同时连续两次被授予"漳州市初中教育教学质量'信得过'学校"称号。

学科竞赛呈现崭新局面：在各类学科竞赛和艺术、体育比赛中取得了难以尽数的佳绩。特别需要提出表彰的是，高二黄廷轩同学获得信息学奥赛省一等奖，高二赵金燕同学获得第十六届全国新概念作文大赛一等奖，高二田文静同学获得第十三届全国创新英语大赛一等奖。

今天的厦大附中，渐以清新大气的教育形象、严谨而有内涵的学校文化、优良的师德水平、富有魅力的师生精神面貌、出众的升学成绩赢得广泛赞誉。

我们的附中是一所具有坚定文化追求的学校。厦大附中的办学理念是：以人为本，以德育人，自立立人，和谐发展。我们将其通俗地解释为培育一流的教育服务品质，办学生喜欢的学校。我们的校训是：自强不息，止于至善。意思是自觉地积极向上、奋发图强、永不懈怠，通过不懈的努力，以达到尽善尽美而后才停止。其内涵就是永不停息。我们的校风是：敦品、励学、笃志、尚行。意思是砥砺品德，发奋学习，专心一意，尊崇实践。我们的教风是：严谨治学，精心育人。学风是：尊师守纪，勤奋学习，生动活泼，全面发展。教学楼和校园道路的命名以及校园石刻文化，无一例外都彰显了附中人的文化追求。我们认为，校园文化建设的核心是人，是你我。我们就是文化！同学们，我们要一日三省：在我们身上，承载了怎样的文化价值？

同学们，我们从四面八方来到具有坚定文化追求的厦大附中，问过自己"所为何来"没有？杜威教育理论中的三个核心命题分别是"教育即生活""教育即生长""教育即经验的改造"。卢梭认为教育是"依照自然的法则，发展儿童的道德智慧和分析各方面的能力"。斯宾塞认为教育的本质是"为完满生活作准备"。康德说："教育使人成为人。"捷克教育家夸美纽斯认为："一切生而为人的人，生来都有一个同样的目的，就是他们要成为人，即要成为理性的动物，要成为万物的主宰及其造物主的形象。"可见，关于教育是什么的问题没有固定的答案。我们为什么要来到附中接受教育？我的回答是：我们为着一种崇高的追求而来。

人为什么要有崇高的追求？因为苟活不是人类生存的目的，何况大自然的赏赐足以支撑人类更诗意更高尚地活着；更重要的是人们希望明天的世界比今天更美好。如果所有的人都留恋物欲，停留在物质满足的层面，在财富争来夺去的人间地狱中苟延残喘，则明天就意味着更大的灾难。我个人认为，财富首先属于全人类，这是基本属性。如果道德和制度不是用来保障每个人的生存，就不是好的道德和制度。如果社会失去基本的道德自觉和调节能力，富人越来越富，穷人越来越穷，这

承办省级学术会议并作经验介绍

个社会就不可能太平。所以，古往今来的圣贤，都以极大的责任感倡导追求崇高的精神满足。并非他们不食人间烟火，不懂人情世故，乱弹高调；相反，他们的选择恰恰是他们因"哀民生之多艰"、立志拯民于水火的情怀驱使而生成的大智慧；同样也是一种有效的、理性的自我拯救。如果失掉崇高的精神追求，人类的健康而长久的延续将变得非常困难。显然，这不是我们的理想。

最后，我愿意将我的讲话归结为，希望同学们在这样一所与众不同的校园里，在最好的老师的引领和关怀下，追求崇高，做一个高尚的人。

谢谢！

2014 年 9 月 1 日

在多元文化大潮中我们该坚守什么

尊敬的老师，亲爱的同学们：

我校第三届校园文化月以运动会开幕为标志今天正式拉开帷幕了。我今天致辞的题目是：在多元文化大潮中我们该坚守什么。

文化是人的品格及其生态状况的反映。广义的文化是指人类创造出来的所有物质和精神财富的总和。文化是由人创造的，有了人类社会才有文化，文化是人们社会实践的产物。

人类文明经过数千年的发展以至今天，文化自然是多元多种、多姿多彩。那么，不同文化应当如何交流？著名学者、全国人大常委会原副委员长费孝通先生曾提出十六字原则："各美其美，美人之美，美美与共，天下大同。"意思是各民族要弘扬自己的文化传统，要虚心地学习其他民族的文化，相互包容，互相学习，就可以建立一个大同的社会。这个原则说起来容易，做起来难。坚持什么？学习什么？选择起来都不是一件轻而易举的事。在全球化和信息化的今天，文化多元的基本判

｜ 让教育更加尊重生命

断已毋庸置疑。文化多元已不再是理论猜想，多元文化也不是各自独立、互不感知的客观存在，而是相互交融、彼此可感地交相撞击。文化多元绝不仅是信息和狭义文化产品的海量化，更体现在文化价值观的多元化上。因此，文化多元并不必然简单地使世界更美好，同时也伴生更多更复杂的矛盾；不仅使人与人之间的关系变得更复杂，也使每个人变得无比的茫然。在异常复杂的多元文化大潮中，我们很难理直气壮地去"选择"。所以，今天我来谈谈"坚守"。其实，坚守也是一种选择。

知识社会里，知识岂止是力量，简直就是生命。没有知识，不仅意味着要失去几乎全部的良好机会，甚至连生命都是毫无生机的。所以，在知识社会里，人们有一个共同的选择，就是接受学校教育。然而，学校教育在今天也发生了巨大变化。我曾经发出"'教辅时代'，我们如何当老师"的疑问。我认为，在教辅材料满天飞的时代，教师的作用要体现在"化人"，而非"度己"。自己会做题不行，一定要让学生会做题。所以，不能不重视"题"外的功夫。积极的心态，克服困难的自信心，坚持独立思考的习惯，永不言败的意志，诸如此类的"题"外因素，教辅材料里没有，但教师一定要纳入到迎考的训练范围。今天，我想问问同学们："慕课"时代，我们如何当学生？"慕课"的英文缩写是"MOOC"或者"MOOCs"，中文的意思是"大规模开放式在线课程"。简单地说，我们可以通过互联网来上课，可以与世界一流大学的学生同时上课。也就是说，从学习知识的角度来说，今天我们完全可以不必坐在教室里学习，甚至可以不必进入学校。因此，我要问同学们：今天，我们到学校干什么？毫无疑问，世界的变化，必然要影响到老师怎么教和学生怎么学。这里，我有两点要和老师同学们分享：第一，人必须接受人的教育；第二，知识固然重要，但还有比知识更重要的。

我们通常说，智商很重要；但一个人要成功，情商更重要；而我要说，比情商更重要的是情感。一个冷漠的人是得不到幸福的人，最终也不会是成功的人；一群冷漠的人只能组成一个可怕的集体；假如全世界的人都是冷漠的人，人类必将濒于灭亡。德国古典哲学创始人康德说："教育使人成为人"。教育应当是用爱传播爱，用心灵启迪心灵，用智慧点燃智慧。所以，教育离不开人。即使信息化、智能化发展到令人难以置信的发达程度，人的培养最终也要靠人来完成。

当然，在知识社会里讨论知识重要与否纯粹是多此一举。因为知识的重要性不言而喻。但在信息化时代，怎样获取知识，获取什么知识，不能不引起我们的思考和重视。中国共产党十八届三中全会通过的《中共中央关于全面深化改革若干重大问题的决定》指出："全面贯彻党的教育方针，坚持立德树人，加强社会主义核心价值体系教育，完善中华优秀传统文化教育，形成爱学习、爱劳动、爱祖国活动的有效形式和长效机制，增强学生社会责任感、创新精神、实践能力。强化体育课和课外锻炼，促进青少年身心健康、体魄强健。改进美育教学，提高学生审美和人文素养。"所以，我们的学校教育绝不仅是传授几门高考科目的学科知识，而且要促进学生德智体美全面发展。

我本人对文化课学业成绩优异的同学充满赞赏和尊敬。我认为"高分低能"是小概率事件，而"低分低能"则是大概率事件，所以，努力提高文化课学业成绩必须摆在重要位置。但

一年一度的合唱节演出

我同时认为，学业出众的同学更要立足全面发展，要认识到积极主动地获取知识比丰富的知识本身更重要。"学霸"的可贵之处不在于高分以及能够考高分，而在于能够将一件事做到最好的精神和能力。就知识量而言，中国与美国并无多大差距，而就发挥知识的能量而言，中国与美国还有较大差距。问题出在我们往往是知识的奴隶，而他们往往成为知识的主人；我们是被动地学，他们是主动地学；我们善于在问题中学习知识，而他们善于用知识来解决问题。当然，教育存在问题的责任不在学生，而在大人。然而，能够负这个责任的具体人实际并不存在，因为中国以及中国教育的问题远比我们想象的要复杂。作为民族的未来，实现中华民族的伟大复兴，在座全体同学责无旁贷。所以，作为老师，我对同学们有很多期待。

第一，要认识到做人一定是最重要的。要有责任感。自己要勇于承担责任，同时要理解和尊重别人的责任所在。谈到责任，我们首要对国家负责。所谓"国家兴亡，匹夫有责"。我想请同学们思考一下，我们生活的地球是否太平？我们有没有感受到来自多方面的威胁？也许有同学了解、记得不久前发生的美国广播公司播出辱华节目事件。在美国广播公司10月16日深夜播出的节目中，主持人吉米·基梅尔邀请4名不同肤色的孩子组成"儿童圆桌会议"讨论国家大事。吉米·基梅尔问："我们欠中国1.3万亿美元债务，怎样才能还完？"一名儿童语出惊人，说"要绕到地球另一边去，杀光中国人"。吉米·基梅尔调侃道，"这是一个很有趣的想法"。童言无忌，但由此可以看出美国对他们的下一代输出什么样的价值观念。

　　美国一直标榜自由、民主、尊重人权，一直扮演世界警察的角色。但实际上，美国在很多领域奉行双重标准。《联合国气候变化框架公约》及其补充条款《京都议定书》的目标是"将大气中的温室气体含量稳定在一个适当的水平，进而防止剧烈的气候改变对人类造成伤害"。这是一个防患于未然、造福全人类的协议。美国人口仅占全世界人口的3%～4%，而二氧化碳排放量占25%，但美国却在签署后又退出了《京都议定书》。前不久又爆出"监听门"事件。美国对世界上很多国家甚至国家元首的电话进行监听。可见，美国在全球事务中奉行的是自己国家利益至上的原则。

　　早在新中国成立不久的1951年，美国中情局就于其"行事手册"中开始制定专门对付中国的条文，以后随世界局势的变化和美国利益的改变而不断修改，至今形成十条，其内部代号为"十条诫令"。我在这里照读前三条：

1. 尽量用物质来引诱和败坏他们的青年，鼓励他们藐视、鄙视并进一步公开反对他们原来所受的思想教育，特别是共产主义教育。为他们制造对色情产生兴趣的机会，进而鼓励他们进行性的滥交。让他们不以肤浅、虚荣为耻。一定要毁掉他们一直强调的刻苦耐劳精神。

2. 一定要尽一切可能做好宣传工作，包括电影、电视、无线电波和新式的宗教传布。只要让他们向往我们的衣、食、住、行、娱乐和教育的方式，就是成功了一半。

3. 一定要把他们青年的注意力从以政府为中心的传统引开来。让他们的头脑集中于体育表演、色情书籍、享乐、游戏、犯罪性的电影，以及宗教迷信。

够了！我们听了这三条，再对照这些年的中美关系发展，难道没有一点感触？强调国家利益难道多余？

第二，要努力实现身心发展和谐健康。现在的青少年学生的身体素质和健康状况堪忧，很多指标都处于倒退状态；心理素质问题更多。如果再不引起重视，进而迅速改变现状，在不久的将来，我们将面临巨大危机。

第三，要具备坚强的毅力、坚忍不拔的意志和一往无前的精神。我想送给同学们一句话：假如我们已经输在起跑线上，我们一定要立志赢在终点线上。

第四，要有强烈的自律意识，具备合作精神和利他精神。我认为，真正强大的人不是能够控制别人的人，而是在任何时

一年一度的篝火晚会

候都能管住自己的人。真正优秀的人是一定能够克己奉公的。
我觉得同学们在自律、合作和利他方面还需要下很大功夫。不
要简单地认为美国、德国的孩子就生活在无拘无束的自由中。
美国的一位妈妈在送给孩子一部智能手机 iPhone 的同时，附带
"约法十八章"，其中第五条是："不准带手机去学校。如果你需
要和别人通过手机联系，能打电话就别发短信，这是生活的基
本技巧。"可见，美国的家长不仅意识到手机的危害性，而且已
经行动起来。在德国，孩子不做家务，家长会将孩子告上法庭，
孩子会因此受到法庭的指控。在美国的一些地方，如果学生不
努力读书，要判刑入狱。曾有 7 名学生因学业成绩差，被判刑
坐牢两个月。同样是在美国，学生如果将学校认为不宜带的东
西带进学校内，学校将一律没收，并且不再还给学生。美国教

师的惩戒权包括：言语责备、剥夺某种特权、留校、惩戒性转学、短期停学、开除。我不必再援引例证，我想告诉大家，只有在今天我们做了别人想做而做不到的事，达到别人想达到而未达到的高度，我们在明天才可能拥有更多的成就和幸福。

第五，要培养创新意识。未来社会的成功者一定不是拥有知识最多的人，而是最善于运用知识的人。因为在现代社会获取知识已变得十分便利，单纯做个知识的容器毫无意义；而如何通过掌握核心知识，形成核心能力，创造核心技术，就显得更为重要。

到此，我相信同学们一定明白了在多元文化大潮中我们该坚守什么，这就是要立志做一个继承传统文化精髓、具有现代人格和现代精神的品德高尚的人。最后让我们共同吟诵梁启超的《少年中国说》：

故今日之责任，不在他人，而全在我少年。少年智则国智，少年富则国富；少年强则国强，少年独立则国独立；少年自由则国自由，少年进步则国进步；少年胜于欧洲则国胜于欧洲，少年雄于地球则国雄于地球。红日初升，其道大光。河出伏流，一泻汪洋。潜龙腾渊，鳞爪飞扬。乳虎啸谷，百兽震惶。鹰隼试翼，风尘翕张。奇花初胎，矞矞皇皇。干将发硎，有作其芒。天戴其苍，地履其黄。纵有千古，横有八荒。前途似海，来日方长。美哉我少年中国，与天不老！壮哉我中国少年，与国无疆！

谢谢各位！

2013 年 11 月 27 日

人生不能没有方向

尊敬的各位老师，亲爱的同学们：

大家新学期好！

2013—2014学年度第二学期今天正式开学上课了。第一学期的期末考试刚刚过去，甲午新年的脚步也渐渐远去，有的同学欣喜地发现自己离理想又进了一步，也有的同学忧心地感到自己离理想又远了几步。我为进步的同学高兴，更愿意为暂时退步的同学鼓劲。在漫长的人生旅程中，我们更多的是要与自己比。人只有不断战胜自己才能拥有更加辉煌的明天。初三、高三的同学毕业在即，我相信大多数同学充满信心，激情满怀，期待着升学考场上的一搏；但也不排除少数同学学习低效，成绩提高无方，束手无策，苦闷彷徨，精力不集中，对将要到来的中、高考感到恐惧。作为老师，我们在为前者加油的同时，更愿意与后者共同承担一分压力，助其平安度过迷茫期。为每一个学生提供合适的成长平台是学校和老师的责任。让我们共同努力！

在今天的讲话中，我想与大家探讨这样一个话题：当我们在奋力追逐自己的理想时，突然发现自己曾经的理想无法实现，突然觉得此生无法做自己最喜欢做的事，我们该怎么办？

说到远大的理想，很多人都会否认自己有过。事实上，相当多的人在漫长的人生历程中的大多数时段都不会有过于清晰而又远大的目标。因此，假如我们在其中的某一刻，突然感到人生目标有些模糊、理想似有若无甚至有些灰心时，也不必过于自责。其实，从小就有远大志向并一辈子坚持不懈地为之努力且最终如愿的人毕竟是少数人。然而，虽然多数人未进行过明确的人生规划，但很少有人完全没有人生目标。绝大多数人一辈子总有一个或几个梦想，对生活总有一些期待，对生之目的总有过一些思考，生活里总有一点奔头、一点追求……凡此种种，或主动或被动生成的人生方向，其实就是我们的理想。

现在流行一种说法：我们已远离轰轰烈烈的"大时代"，抵达一个似乎缺乏时代主题、琐碎、平庸、无趣、没有任何激情的"小时代"。在消费主义甚嚣尘上的土壤里，我们都成了实用主义者，民族精神与家国情怀都被抛到九霄云外。辛亥革命已过百年，五四运动将近百年，十四年抗日、三年内战、新中国成立似乎都是很久以前的事，"文革"已结束38年，改革开放已进行了36年……该发财的发财了，该富有的富有了，所有的"大事"好像都被别人做完了。利益格局发生变化，一切似乎都尘埃落定。我们一下子显得无所适从。要关心什么？还能做什么？我们感到很茫然！现在既不是《义勇军进行曲》里所说的"中华民族到了最危险的时候"，也不是《毕业歌》中唱的"看吧，一年年国土的沦丧"，民族处于危亡的关头。

我们仿佛感受不到时代的呼吸和跳动的脉搏，突然有一种不能自拔的感觉，似乎被甩出了自己的时代。于是沉溺乃至陶醉于个人"小世界"，回避、逃离公共领域，推卸公共责任，甚至放弃天赋的人权，变得无比的自私自利。本应最富幻想的青春少年，现在居然只关心分数、名次、上名校、选择便于就业的专业、找舒服而报酬又高的工作、买房成家、梦想做"官二代""富二代"以坐享其成等等之类的事。十八岁的人想八十岁人想的事，缺乏激情，老气横秋。这多少有些悲哀。虽然每个时代都不乏这样的人，但假如现实世界都是这样的人，那将是非常可怕的世界。世界是我们大家的。树立崇高的理想，建设美好世界，既是利他，也是利己。所以，我们置身于伟大时代和多彩的社会，要有崇高的追求，要为实现梦想而不懈奋斗。

时代本无所谓大小。所谓"大"与"小"，主要来自社会成员各自的感受。对于每个时代的弄潮儿来说，再平凡的岁月都是足以创造伟业的大时代；而对于绝大多数平凡人来说，生活就是过日子。所谓的"大时代"多半存在于文学作品中，是艺术再现。优秀的文学作品往往汇聚了时代最强音，但老百姓的生活远不是文学艺术。生活不可能都是轰轰烈烈的。所以，我们可以从文学作品中汲取智慧的精华，但踏实的生活需要我们从文学作品中走出来。理想可以高远，但生活要接地气。

青少年时代是最富于梦想的年代。如果我们在人生的起点处就没了方向，生命的航船将失去航向，人生就大为失色。当然，少年梦想只是一个暂时还看不见的航标，它是力量源泉，是精神支柱，是一个应当时时敲响的警钟。有这个航标，人生就会自信、充实。童言无忌，当我们少不更事时，在大人的

每年举办一次初中新生与厦大博士生的对话活动

启发下，我们所发出的宏愿，往往是我们的兴趣所在，是自然的，是未经雕饰的。我们对自己的少年梦想缺乏理性的认识，因此并不需要担负契约责任。对于大多数人来说，幼年时随意抛下的航标终归要被修改。一个人，终其一生，大多难以避免理想破灭所带来的痛苦。对于青少年学生来说，这是绕不过去的坎。悲观地说，我们在成长的同时也在不断地接受打击，我们终归发现自己远不是最强大的人。山外有山，人外有人。但年青就是本钱。青年人只有放弃，没有失败。然而，人不能一辈子都找不到方向，故有"三十而立，四十不惑，五十而知天命"之说。对大多数人来说，至少在 30 岁之前应当奋力打拼，

学生在马来西亚参加华文独立中学英文辩论赛

进行更多的尝试，想自己所想，做自己想做的事。在知识社会里，只有掌握更多的知识才能有更多的选择，进行更多的尝试。不尝试就没有可能成功。没有人能够随随便便成功。也许在未来的某一天，我们发现，因为个人能力或缺乏机会等，我们无法从事自己喜欢的职业，无法做自己喜欢做的事，我们不应当灰心丧气，应当甘心做自己能做到、能做好的事。做自己能做到、能做好的事，何尝不是一种成功呢？

知名人士冯仑说：人生中什么时候最让我们恐惧呢？是没有方向的时候。当你有了方向，所有的困难都不是困难了。理想这件事情，就相当于在戈壁滩上突然找到了方向，它就像心中的一个愿景、一个价值观，引导着你去这个方向。这个东西平时不出现，在锦衣玉食、歌舞升平的时候，似乎不觉得这件事特别重要，但到了戈壁滩上，没有方向的时候，才发现，要想活下来，第一件重要的事是一定要有方向。

同学们，你有方向吗？

最后，让我们重温80年前、在抗日救亡运动中，田汉、聂耳为电影《桃李劫》所作的插曲《毕业歌》的歌词：

同学们，大家起来，
担负起天下的兴亡！
听吧，满耳是大众的嗟伤！
看吧，一年年国土的沦丧！
我们是要选择"战"还是"降"？
我们要做主人去拼死在疆场，
我们不愿做奴隶而青云直上！
我们今天是桃李芬芳，
明天是社会的栋梁；
我们今天是弦歌在一堂，
明天要掀起民族自救的巨浪！
巨浪，巨浪，不断地增长！
同学们！同学们！
快拿出力量，
担负起天下的兴亡！
共建伟大的民族！

2014 年 2 月 17 日

读书是生命的一种存在形式
——2017届初中毕业典礼致辞

亲爱的同学们，尊敬的各位家长代表和同事们：

大家上午好！非常荣幸能够参加如此盛典并致辞。我和同事们一直努力地做各位同学生命中的"重要他人"，并为能够见证你们的成长而感到无比高兴。虽然你们几乎无一例外地还要继续在学校读书，而且我希望有更多的同学考上附中，能够在附中继续你们的学业，但你们毕竟已经完成了九年义务教育。

法国作家圣·埃克苏佩里的童话《小王子》想必有不少同学都看过，里面有段对话触动人心。

小王子驯养狐狸后，第二天又去看它。

"你每天最好相同时间来。"狐狸说。

小王子问："为什么？"

"比如，你下午四点来，那么从三点起，我就开始感到幸福。时间越临近，我就越感到幸福。我就发现了幸福的价值……所以应当有一定仪式。"

"仪式是什么？"小王子问。

"它就是使某一天与其他日子不同，使某一时刻与其他时刻不同。"狐狸说。

今天这个时刻就是这样一个特殊的时刻。

想活得美，就要懂得制造仪式感。仪式感对于生活的意义在于：它能唤醒我们对内心的尊重，因而去尊重生活。厦大附中特别愿意为学生制造这种仪式感。今天这个典礼便是你们人生旅途中的一个有意义的仪式。

在前不久举行的高三毕业典礼上我讲了三个故事，今天我要讲另外三个故事。

第一个故事是关于陈信廷同学的故事。今年春节期间，信廷给我发来短信，想到学校和我聊聊天。我自然是热烈欢迎。那天我们聊了一个多小时。信廷是附中的"开门弟子"，是2008年进校的第一届学生，2011年初中毕业后考上附中高中，2014年高中毕业考上了国家重点大学北京化工大学。他标准的普通话和不俗的谈吐令我刮目相看。我完全想象不到他是土生土长的大径村的农家子弟。他的父母至今仍然从事着农业生产，农业收入仍然是他们家的主要经济来源，他放假回家仍然帮助父母做农活。但是，他拥有的知识和见识使他镇定、坦然和自信。他很懂得感恩，心疼父母和爷爷奶奶。他对我说要努力学习，将来勤奋工作，让父母和爷爷奶奶过上好日子。分别后，他给我发了一条短信："谢谢姚校长，今天耽误您那么长时间！和您聊天实在受益匪浅。要不是上了大学，真希望继续

近3年来，学生在公开发行的刊物上发表作品598篇，有6位同学出版个人作品集

在附中受您熏陶！以后回来一定再拜访您！"那几天，我脑海中一直萦绕着一个问题：是什么使一个只会说闽南话的滨海乡村的农家子弟蜕变为彬彬有礼、从容不迫、谈吐儒雅的"文化人"？我思考的答案是，教育的魅力和知识的力量。在本学期开学初的教师大会上我讲了这个故事。我说，这个故事让我深切地体会到了从事教育工作的意义。这是我今天要表达的第一层意思：知识可以改变命运。

第二个故事是关于许智雄同学的故事。记得是2014年暑假的某一天早晨，我坐公交车到学校。上车看到了智雄，我们坐在一起聊天。当时他已经被宁波理工学院录取。他也是附中的"开门弟子"，和信廷是同学，也是大径村的。他在厦大南门站跟随一群人下了车。我在车上看到了难忘的一幕：十几个人，基本都是成年人，要么从车头横穿马路，要么从车尾横穿马路，然后踩过绿化隔离带，再横穿过对面马路。只有，记住"只有"，智雄同学下车后，沿人行道向前走到斑马线边等待，待绿灯后通过斑马线走到对面。那一刻我非常欣慰，感觉自己好像做了一件非常正确的事。我觉得，附中文化中的一个重要因子就是"规则意识"。附中教育成功与否，一个重要标志就是附中学子是否养成规则意识。我以为，不讲规则的人，别处可以有，附中不能有；不讲规则的事，别人可以做，附中人不能做。这个故事我在2015年的初中毕业典礼上说过一次。那一次我在讲了三个故事之后送给同学们九个字：守规则，讲原则，尽本分。今天再讲这个故事，我不由自主地想到2008年8月19日上午，信廷、智雄他们第一天进附中的情形。那一天，他们当中有不少人是穿着拖鞋来附中上学的，而衣冠不整的更多。我在想，为什么几年后，智雄他们走出附中后能够成为一个优秀的公民？这就是我今天要表达的第二层意思：教育可以再造精神。

第三个故事发生在去年6月6日下午。那天下午我送高三学生到港尾中学熟悉考场。散场时，远远看到有两个女生向我奔来，我一边站起身来一边想，这似乎不是我们高三的学生。转眼她们到了我跟前，两人齐声说"校长好"，我立刻反应过来，她俩三年前是附中的初中毕业生，现在是港尾中学的高中毕业生。她们也在熟悉考场。她们说：可想校长可想附中了。

我说：我也想你们，欢迎你们常回附中。她们说：没考上附中，不好意思。我说：这有什么，附中就是你们的母校啊。她们哭了。我忙转换话题。我说：你们成绩肯定不错吧。她们说：还好吧，但肯定不如附中学生。我说：附中也有成绩不理想的学生。学习嘛，总得讲个基础，没必要比，自己满意就好。我祝她们高考取得好成绩，考上理想的学校，常回附中看看。她们说"好"，抹着眼泪说"校长保重身体"。看着她们远去的背影，我心里很不是滋味。她们在附中初中部读了三年，没能考上附中的高中部，还那么热情地待我，我在感动之余颇为自责。我后来对老师们说，附中教育最大的成功不是培养了几个北大清华和中科大少年班的学生，也不是本区域内无人能及的本一和本科高升学率，而是附中学子对母校总怀有深厚的感情。这也是附中实现"办学生喜欢的学校"的发展目标的有力佐证。为什么没能考上本校高中的初中毕业生还对母校怀有感恩和眷恋之情？是因为我们在这里拥有了更纯洁的心灵和更宽广的胸怀。老实说，我一直有一种担忧，这个担忧就是附中的师生不懂得感动了，麻木到不为一切所动。那也许就是我们走向平庸的开始。说到这里，我要表达第三层意思：学校可以塑造心灵。

不管你们走到哪里，我都希望你们能够继续你们的学业，因为你们太年轻，正是读书学习的大好年华。因为知识可以改变命运，教育可以再造精神，学校可以塑造心灵。读书无疑是生命的一种存在方式。祝大家幸福快乐！

再讲一个小故事吧。中考前一天晚饭后，我在食堂水池边碰到8班的任睿睿同学，她说：校长祝我中考成功可以吗？我说：太可以了，我非常乐意。我接着说：祝你中考成功，一定考上附中！她开心地笑了，我也很开心。我相信她能成功。最后，我将这个祝福送给大家：祝你们考上附中！谢谢！

2017 年 6 月 26 日

当激情不再燃烧时

　　事在人为，人是关键。决定学校发展的关键是教师，不是课程、方法，更不是硬件。课程、方法、硬件甚至生源固然都很重要，但就教育的本质而言，最重要的还是教师。有好的教师自然有好的课程和方法；硬件差一点，不会动摇教育的根本；而生源只有在应试教育尤其是以选拔和淘汰为主要目的的教育环境中才有决定性意义。人生而有接受教育的平等权利，过分强调生源就是无视一部分人的受教育权，这不是真正的教育。所以，衡量一所学校的水平和质量关键看教师队伍，看教师能为学生提供以及实际提供了什么样水平和质量的"教育服务"。"教育无非服务"是我的从教理念；"培育并不断提升一流的教育服务品质，用合适的教育办学生喜欢的学校"是厦大附中的发展目标。这个"理念"和"发展目标"的提出都是基于"关键在教师"的认识。

　　教育就是立德树人。品德是人的第一智慧。品格塑造是第一位的。即便在应试教育如火如荼的当下，有良心的教育人，即使放不下"应试"，也同样不会放下"品格塑造"。为人师者德为先。在师德高尚的前提下，有无激情是衡量教师优劣的重要因素。专业素养固然重要，但假如没有激情，再高的专业素养都等于零。所以，我们不必担心走掉了几个所谓的"好"老师。教师职责的核心是引导学生成长，启发学生获得新知。学习和成长的主人是学生。故教师的专业素养特别是学科专业素养差一点是可以靠激情弥补的。如果教师的激情足以感染学生，学生学习和成长的内驱力就可以被成倍地焕发出来，他的学习效果就一定很好。为什么老教师没有老大夫"吃香"？一个重要原因是，优秀教师对激情的要求比大夫要高。一旦激情不再燃烧时，你的经验再丰富，教学效果都会打折扣。持续保持教育教学的激情是教师保持职业青春永驻的不二法则。

怎样才算是有激情？我觉得其核心特征不是办事火急火燎、讲话慷慨激昂。当然，有激情的人，常常呈现这样的外在特征。但经验告诉我们，有这样特征的人也不乏做事只有三分钟热度的情形。而浅尝辄止的人显然不能算是有激情。因此，有激情的核心特征应当是，有一种为崇高理想而献身的坚定信仰和积极的人生态度，有一种咬定青山不放松的精神，有一种不达目的誓不罢休的韧劲，有一种精益求精、追求专业极致、踏实、求新的品格，有一种不抛弃、不放弃、不服输的热情，有一种不忘初心、自加压力、勇往直前的不竭的内驱力，有一种不苟且的气节，有一种"不畏浮云遮望眼"的境界和"我自横刀向天笑"的气概……要追梦，要实现理想，没有激情是很难做到的。轻易能实现的就不能算是"梦"或"理想"。那些暂时无法实现、经过一番努力才能实现的目标才算得上"梦"

或"理想"。

当激情不再燃烧时会是什么样的局面？或是失掉了人生的目标，得过且过；或是满足于现状，沉醉于既有的成绩，沉迷于以往的光环；或少年老态，老气横秋；或不求专业精进，流于一般；或稍有点成绩就开始摆谱，一副老子天下第一的架势；乃至死猪不怕开水烫，直至颓唐，颓废，一蹶不振，形同活死人……没有了激情，生活便失掉了很多趣味，生命的价值便大打折扣。

人生最进步的时候，一定是激情四溢的岁月；社会最进步的时候，也一定是激情燃烧的岁月。此时，人们仿佛有使不完的劲，用不完的办法；人的心情也好；人与人之间的关系也是非常和谐的。正所谓日新月异，一日千里。一所学校也是实

排队就餐依然手不释卷

实在在的生命体，她的前途光明与否取决于是否拥有永恒的激情。一所了无生机的学校基本就是死水一潭，又如轮轴锈蚀的车子左右推不动。一群没有激情的人坐而论道，埋怨天，埋怨地，埋怨社会不公，埋怨钱少，埋怨生源不好等等，就是不检讨自己的问题。负能量聚集，以致不能自拔。

一个人要进步，一所学校要进步，最要紧的是保持激情。反过来，保持激情的最好办法就是不断追求进步。要学会"找事"，要勇于"找事"。如果习惯了无所事事，自然就不会有激情，也很难再进步。鲁迅先生说："不满是向上的车轮，能够载着不自满的人类，向人道前进。"可以说，不自满是激情之源。

有个"七年之痒"的说法。"七年之痒"的来历是：人的细胞平均七年会完成一次整体的新陈代谢。其实这是一个累计的年限，人体的细胞更换是同时进行的，不是逐一完成的。"七年之痒"现在一般是指爱情或婚姻生活到了第七年，人们可能会因生活的平淡而感到无聊乏味，要经历一次危机考验。也就是说，婚姻生活到了七年，夫妻双方激情消退，如果不"加油"，就有可能面临危机。有研究者认为，许多事情发展到第七年就会出现一些问题。我的理解是，这个"七年"并不是个确数，只是说，很多事情到了一定时间就会进入发展的瓶颈期，必须寻找新的发展动力。

2015 年是附中正式开办后的第七年。所以，我也早早提出了类似"七年之痒"的问题。当我们在一般办学质量的显性指标上都有所斩获且在一定范围内处于领先水平时，如果缺乏理性和敏锐的洞察力，我们就很容易失去方向。因此，2015 年，我们进行了党总支、教代会、工会、团委等机构的换届，补充了校级班子，完成了部分中层干部的轮岗，特别是群策群力制定了《"十三五"发展规划》，意在使学校重新焕发出新的动力。但我还是有些忧虑，所以我在 2016 年元旦期间写了一篇《警惕：我们也许正向平庸走去》的博文。因为我看到了所谓"七年之痒"的各种症候在校园内开始出现。如果我们不下大气力遏制住各种症候的蔓延，可能就不仅是走向平庸的问题，也许将是快速走向衰败。

将任何一件事做到极致都需要激情，要保持极致就需要持续保持激情。我觉得"工匠精神"的内核就是激情永远燃烧，有一种发自肺腑的心声呼唤和源自骨髓的原动力驱使，精益求精，不肯有半点懈怠。只有极少数人对事业能保持宗教般的情怀。"工匠精神"就少不了这种情怀。几乎可以肯定地说，各行各业的精英人物以及大成者，差不多都是激情满怀的人，不管他们是什么样的性格。一所学校要想避免"七年之痒"，就必须千方百计点燃教师的激情。举凡精神的、文化的、情感的、制度的、体制的、机制的等等手段，都应当指向激发教师的激情这个核心，而无须致力于具体事务的指引。我始终认为，激发教师的智慧比制度建设更重要。我之所以厌恶各种课改宝典，一个重要原因就在于一些专家自视高明，好为人师，其实不会比一线教师高明到哪里去。他们"发明"和"贩卖"了很多"伪劣产品"。课改少有成效的症结就在于我们只在表象和皮毛上下功夫，没有抓住教师的精神塑造这个关键。本末倒置，事倍功半，甚至劳而无功。

校长的职责在于文化价值的引领。校长必须首先保持勇往直前的激情，不能向世俗低头，不能迎合庸俗的价值观，不能有丝毫的怠惰。其次，校长只用自己的激情来感染教职工还远远不够。校长不可自诩为精神领袖，不能自视太高，必须借助现代管理手段，要将传统文化精髓与现代管理文化融为一体。对于干部和教职工中存在的意志消沉和职业倦怠问题，既不可熟视无睹，以至沆瀣一气；也不能如临大敌，方寸大乱，手足无措；尤不可怨天尤人，束手无策。只要精神不滑坡，办法总比困难多。要看到教职工的精神追求及其意义，相信大家的教育智慧，要找到问题的症结，攻坚克难，逐一破解。当然，点燃教师的教育激情，主要依靠全社会和各级政府。校长能做的也非常有限，但确有推卸不掉的责任。好学校可能是千姿百态的，但有一个共同点，这就是有一位激情满怀、充满教育理想、踏实苦干、驾驭能力强的校长。

校长没有激情是不行的，仅有激情也是远远不够的。必须有审时度势的敏锐眼光和有效破解问题的能力，能及时看到并圆满解决问题。我经常听到一些校长同行对学校的管理团队和教师队伍的不满声音，却听不到自我检讨的声音。可以说，一所学校激情不再首先可能就是校长的激情停止了燃烧。如果大家都没了激情，条件再好也无法挽回颓势。所以，我觉得精神面貌是最有效的试金石。

2016 年 7 月 11 日

幸福都是奋斗出来的

尊敬的各位同事，亲爱的同学们：

大家新年好！

2017—2018学年第二学期今天正式开学上课了。回首2017，我们有理由感到自豪和幸福。2017年12月14日是我校创校十周年的纪念日。2017年12月28日是厦大附中工程奠基十周年。这一天，省教育厅专家组莅临附中，对我校申报省级示范高中建设学校暨越级申报省一级达标高中进行现场评估，并确认顺利通过。福建省达标高中建设历史上一个新的记录由此诞生：建校历史最短；由三级达标校跳级到一级达标校用时最短。能够创造历史，就是巨大荣誉。附中的发展得到了各级领导和社会各界的充分肯定。这份荣誉属于全体附中人。

岁月不居，天道酬勤。2017年，学校各项工作卓有成效。中高考及学科竞赛成绩在全市继续保持领先地位。高考一本达线率82.05%，二本达线率99.77%，再创新高。连续六年获得"漳州市高中教育教学质量先进学校"称号，再次被漳州市教育局授予高考功勋奖。中考综合比居全市 174 所公办校第二名，居全市 173 所生源不择优公办校第一名。连续七年获得"漳州市初中教育教学质量先进学校"称号，连续五年获得"漳州市初中教育教学质量'信得过'学校"称号。学生获得市级以上各类奖项 573 项，其中省级以上 91 项。奥赛获得省一等奖 8 人（全市 15 人），占全市 53.33%。高二（1）班的柯灵同学荣获生物奥赛全国银牌，是本年度全市唯一的奥赛国家级奖牌。教师业务竞赛获奖 107 项，其中省级以上 45 项。教师在正式刊物上发表文章 103 篇，出版专著 3 部。市级课题结题 10 项，省级课题结题 2 项、立项 2 项。市级以上公开课／讲座 37 节次。学生在报刊上发表文章 178 篇。校园建设进展显著。游泳馆已竣工；体育馆已于年前完成招标，近期将正式开工。成功申办高考考点。从 2018 届开始，附中学子可以在本校教学楼里参加高考。2017 年，我们还成功创建省级文明校园；承办了省级大型教学开放活动，广受好评。初三期末考试，在市直学校统考统改中获得综合比第一名。在高三期末全市统考中，我校继续保持总体领先的水平，游震邦同学取得全市理科第三名的好成绩。学校荣获建区 25 周年金鼎奖及 2017 年度开发区先进单位称号。毫无疑问，"2017 年"必将成为"附中词典"中的高频词。

用历史教科书的编辑思维来看，2018 年，附中进入了新时代，我们站在了新的发展平台上。2018 年，是举国上下全面贯彻落实党的十九大精神的开局之年，是中国改革开放 40 周年，是厦大附中开办招生十周年，也是成功创建省一级达标高中、入选省示范高中建设项目校的开局之年。因此，2018 一定是

2018 年 6 月 7 日，首次承办高考

一个全新的开始。年年岁岁花相似，岁岁年年人不同。花可以年复一年相似，人不能日复一日不变。新学期要有新气象，新时代要有新作为。2018，我们要用更高的标准来谋划发展，要突出内涵发展质量提升的总体工作思路，按照示范高中建设总体规划，细化远景奋斗目标，使其成为一件件具体可行的事。继续完善一流的教育服务品质，用适合每个学生的教育办所有学生喜欢的学校。干部服务群众，行政服务教学，全校服务课堂，全员服务学生，坚持教育无非服务的理念，坚定做好服务学生健康成长的工作，让教育更加尊重生命，让学校更温暖，让教育更有温度。

"靡不有初，鲜克有终。"成功从来只属于持之以恒、不懈

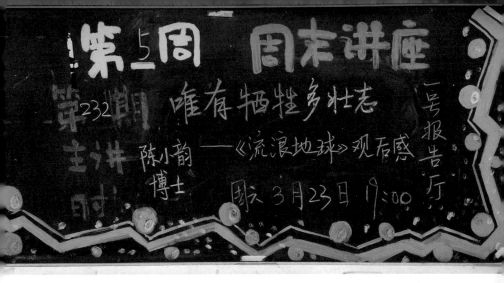

周末讲座海报

奋斗的人。"幸福都是奋斗出来的。"梦想成真需要百分之百地投入和百折不挠地追求。把蓝图变为现实，将奋斗进行到底，无不呼唤不驰于空想、不骛于虚声的奋斗精神，无不需要一步一个脚印踏踏实实地干好工作。要立长志，不要常立志。人不能一天一个理想，学校不能一年一个规划。我们所为何来？目标非常清晰。附中去向何方？也没有任何疑问。仰望星空，脚踏实地，胸怀理想，目视前方，我们会发现每一个日子其实还是一样的，每一份精彩的背后都是汗水。2018不过是2017的继续，我们要做的是过好每一天。每一天都在奋斗中度过你就不会后悔，每一天不后悔一辈子就不会后悔。无悔的人生才可能是幸福的人生。所谓不忘初心，就是持之以恒。朝三暮四、朝秦暮楚是不会有什么成就的。

老师、同学们，今天正好是离高考100天的日子。我提议，我们用掌声为高三师生加油鼓劲。这里，我还要重复那句话：教育不相信奇迹，幸福都是奋斗出来的。要让自己在100

天后充满自信地走进高考考场，舍拼搏并无他法。如果你没有理想，不为理想而奋斗，你是不可能幸福的。幸福不仅是一种感觉，也是一种能力，需要用一辈子来修炼，因为生存的境遇是不断变化的。著名教育家苏霍姆林斯基在《致女儿的信》中说："做一个幸福的人，只能是在你成为有智慧的人的时候。"

"做幸福的平凡人"是我们的一个教育主张，但这个主张绝非教唆学生抛弃理想、放弃奋斗、甘于平庸，实际上是一种缓解生存紧张之术。"做幸福的平凡人"这句话的重点是"幸福"，至于"平凡"，这是不求自来的，而要过得幸福并非易事。"做幸福的平凡人"，实则是指对未来要有合理的期望值，不要太过强求，不必负重前行，要快乐地追逐理想。幸福的平凡人要自立自强自尊自爱，要克己克勤克俭，要宽容善良，要懂得爱，更要珍惜爱……最后我想说，不是只有胜利的金牌才能证明梦想。为梦想而奋斗的人生，都是金色的。愿同学们都拥有金色年华！

谢谢大家！

2018 年 2 月 26 日

我们正在创造历史，历史终将铭记我们

——在厦大附中揭牌暨开学仪式上的致辞

尊敬的各位领导、来宾、老师、同学们：

大家上午好！

今天注定要载入厦大附中史册。一幅不可预测的神秘画卷将从此刻展开。在各级领导的关心、支持和指导下，经过工程建设者一年来的辛勤劳动，寂寞经年的滨海荒山已嬗变为美丽的校园。我们来啦，从雪国冰城的齐齐哈尔到花香四季的广东顺德！对理想的追求，将使一颗颗真诚的心汇聚成孕育智慧的海洋，托举莘莘学子驶向理想的彼岸。此刻，尽管我无比激动，但我必须理智地向各级领导和广大工程建设者表示真诚的感谢！向全体师生表示最真诚的祝贺！

开发区管委会投巨资与厦门大学联合创办厦门大学附属实验中学，顺应潮流，合乎民意。所以，建成一流名校是厦大附中的既定目标，也是历史责任，别无选择！我们将坚持把"以人为本，以德育人，自立立人，和谐发展"作为办学理念，创造适合学生自我可持续发展的教育。树立品德是人的第一智慧

2008年9月1日厦大附中揭牌（右为漳州招商局经济技术开发区时任党委书记吴斌同志）

的意识，坚持以德启智，确立健康第一的思想，积极处理好教育平等与差异教学的关系，努力建立和谐课堂。厦大附中将实行三步走的战略：今后五年的发展目标是，在办学思想、政策制度和实践行动三方面基本形成现代化品牌学校的基本框架。其突出标志是，教师队伍稳定，教学秩序井然，师生精神面貌良好，校园文化初步形成，升学成绩优良，为学校达标升级奠定良好基础。未来十五年的目标是，建成示范性高中。尽可能在高中招生后，用十年时间建成省一级达标高中。争取在上级领导的支持下，调动各方面的积极因素，只争朝夕，打出特色，创出名牌，实现跨越式发展。学校的远景奋斗目标是，把

让教育更加尊重生命

学校建设成一所具有文化竞争力的现代化的有特色的学校。其主要特征是，有探索现代教育的历史使命感和社会责任感，有改革传统教育弊病的理论勇气和实践魄力，有探究和遵循办学规律的科学精神和人文精神，有表征学校教育现代化的原创性改革成果和特色经验。

厦大附中目标远大，志存高远，但而今蹒跚学步，面临的困难很多很大。一张白纸可以画成最新的图画，但不一定能画出最美的图画。如何在今天的教育环境中立足，进而实现教育对人的起码尊重是我们面对的现实课题。我们只有遵循规律，把握大局，目光远大，脚踏实地，艰苦奋斗，迎难而上，才有可能绝处逢生，一鸣惊人。我们只有积极争取主动，努力创造机会，营造自主自由的成长环境，才有可能不断创新，获得发展。

老师、同学们，开发区管委会把这么优美的环境、这么漂亮的房子、这么优质的办公和学习条件给了我们，充分体现了各级领导的重视、社会各界的关心、广大家长的支持。为人师者，当严谨治学，精心育人；为学生者，当自强不息，发愤图强。陶行知先生说："千教万教，教人求真，千学万学，学做真人。"愿老师们以德立教，同学们以德存身，做顶天立地的人。

历史选择了我们，我们必将无愧于历史！

我们正在创造历史，历史终将铭记我们！

谢谢！

2008 年 9 月 1 日

运动将是厦大附中校园内最明丽的色彩

——在校首届田径运动会开幕式上的致辞

各位老师、同学们：

今天是一个值得永远纪念的日子。在厦大附中正式开学不到一年的时候，我们终于能够在这样一块标准的田径场上举行首届田径运动会。让我们记住这终将载入史册的日子——2009年5月22日。我提议，首先我们用掌声祝贺厦大附中，祝贺我们自己！厦大附中的历史画卷从此将翻开新的一页。

体育必将成为厦大附中的重要特色。继田径场竣工后，学校还将建设风雨操场、游泳馆、体育馆，完善各类室外体育场地，建设一支专业素质过硬、师德水平高尚的体育师资队伍。学校将把培养运动意识、学会运动方法、掌握运动安全知识和能力作为学生的重要能力构成；将竞技体育人才培养与广泛开展大众体育游艺和体育娱乐活动结合起来；将德智体美结合起来。我相信，运动将是厦大附中校园内最明丽的色彩。

养成良好的健身习惯，掌握基本的运动和健身技巧，是现代人必备的基本素质。开好一年一度，甚至一年两度的田径运动会，是增加校园色彩、丰富学生业余生活的重要途径，它必然能够引导更多的人珍视生命、爱护生命、积极生活，促进学生全面发展和学校各项工作不断创造新成绩。

2009 年校田径运动会的帷幕即将拉开，烽烟就要燃起，我希望全体参赛运动员牢记"自强不息，止于至善"的校训，实践"敦品、励学、笃志、尚行"的校风，用良好的体育道德风范和骄人的运动成绩来诠释人类共同缔造的体育精神。

什么是体育精神？

体育精神之首要是尊重规则。

体育精神的实质是公平。

体育精神的基础是专业精神。

体育精神的内涵是尊重对手。尊重对手就是尊重自己所从

首届田径运动会

事的事业。一个没有对手的世界，就失去了竞争的原动力。对手是相对而言的，尊重对手还是和平、仁爱精神在体育精神中的体现。

体育精神的最高境界是尊重失败。尊重失败，实际上是对为成功所付出的代价和努力的尊重！

老师、同学们，体育工作也许只是学校教育这一雄壮乐章中的一段变奏，运动会也许只能算是其中的一个小小的音符，但只有每一个音符都铿锵有力，委婉动听，才能演奏出气势雄浑、扣人心弦的壮丽篇章。愿全校师生共同努力，把本届运动会开成团结的大会、鼓劲的大会、让人难忘的大会。

最后祝校首届田径运动会取得圆满成功。

谢谢大家！

2009 年 5 月 22 日

当五星红旗第一次在附中升起的时候

老师、同学们：

大家上午好！

随着鲜艳的五星红旗第一次在校园升起，厦大附中的校史从此翻开了新的一页。继去年初中招生之后，今秋高中成功招生开学。目前在校学生19个班级846人，其中高一7个班333人，七年级6个班264人，八年级6个班249人，教师65人，另有后勤服务人员52人，全校师生员工近千人。值此开学之际，我代表学校向全体师生员工表示热烈欢迎。

厦大附中是招商局漳州开发区和厦门大学联合兴办的一所全日制公办完全中学，设计标准和办学定位比较高。通过一年半的建设，目前良好的校园环境基本形成。完成校舍建筑面积近5万平方米，占国内部规划总建筑面积的60%。实现投资1.7亿元，其中固定资产投资超过2000万元。可以说，厦大附中目前已度过学校初创时的困难阶段，进入规范办学、规模办学并逐步迈向优质教育的阶段。可以说，校园环境比较优美，办学功能基本完善，设施设备比较先进，师资队伍优势显著，教学质量明显提高，社会美誉度快速提升，一所现代化的品牌学校的初步框架已经形成。

尊敬的老师们，百年大计，教育为本，振兴教育，教师为本。我们从天南海北来到厦门湾南岸这块充满希望然而尚在开发的土地上，我们带着崇高的教育理想播撒真理的种子，我们应当有开拓者的勇气和自豪，要勇于担当。我们要坚定地实践我们的教育理念，敦品、励学、笃志、尚行，以德育人，以德启智，用强有力的教育实践能力为教育事业贡献自己的智慧。我相信，只要带着对教育、对学生的真挚感情，严谨治学，精心育人，我们的理想就一定会像东海旭日冉冉升起。开发区的每一天都是新的，厦大附中的每一天也是新的，我们有幸见证

2009 年 9 月 1 日五星红旗第一次在附中升起

并参与一所学校的诞生、成长将是无上光荣的。

亲爱的同学们，民族振兴系于教育。知识改变命运，教育可以改变你我，教育可以改变一个民族。厦大附中毗邻厦大漳州校区，依山面海，环境优美，既无穷乡之偏僻，也无都市之喧闹，是读书的好地方。同学们克服困难，告别父母，从各个地方来到厦大附中，无非是为了潜心读书，心中当有高远的理想。同学们，中学阶段不仅是人接受教育的最重要阶段，也是人生的最重要阶段。什么样的中学教育背景在很大程度上决定着我们有什么样的未来。我们的未来，在很大程度上，离不开有什么样的中学教育背景这一底色。作为厦门大学创办的第一所附中，作为开发区第一所也是目前唯一的一所中学，学校具有很多优势，有能力为同学们提供最优良的成长平台，有能力助你腾飞。然而，"十年寒窗苦"，自古以来，"刻苦"是读好书的基本前提。希望同学们牢记我们的校训："自强不息，止于至善"。人生的伟大意义正在于为了崇高的理想而不懈地奋斗。希望同学们努力实践"尊师守纪、勤奋学习、生动活泼、全面发展"的学风，学会做人，学会求知，强健体魄，为寻求自身更大的发展和有能力有本领为他人提供更多的帮助、为国家作更大的贡献奠定良好的基础。在开学的第一天，在国旗第一次升起在厦大附中校园的时候，我代表学校给同学们提出五点要求：

第一，要有"立德"意识。做小事可以凭小聪明，做大事需要凭大智慧，要以德服人。希望同学们把学会做人放在第一位。多替别人着想，要容人，要学会宽容，要有责任感。

第二，要有"规则意识"，要遵守规章制度。制定制度可

油画《村庄》 高一（2）班林楷宸

以集中更多人的智慧，但执行制度必须一视同仁，甚至"刻板划一"。任何个人都不应无原则地挑战集体既定的制度。对制度的自觉执行程度是衡量一个人文明程度的重要标准。

第三，要有大局意识。中学阶段是积累科学文化知识和形成基本生存能力的重要阶段。换句话说，读好书是我们现阶段最主要的任务，是当前的大局。没有优良的文化课学业成绩，我们就会丧失很多的发展机遇，就意味着我们今后要比别人付出更多而收获可能会更少。

第四，要有自立意识。尤其是高一同学，不管是寄宿还是走读，要有自己的事自己安排的意识和能力，要学会安排时间，学习和生活要有目标、有计划。尤其在开学的最初阶段，校本课程、课外活动还处在进一步计划和落实阶段，图书馆开放还要有一段时间的时候，一定要安排好自己的时间。

第五，要有安全意识。独立生活时能够及时发现危险的存在，要有防范风险的意识和能力。这种意识和能力会让你终身受益。学校目前仍在建设中，校园安全隐患客观存在。我这里要特别提醒：1.在校期间不得进入施工现场，不得靠近施工用电线路，不得攀爬任何设施设备。2.寄宿生要遵守《生活指南》，要注意用电安全，不擅自外出。凡不向班主任和生活指导老师请假而擅自离开学校的将受到纪律处分，并立即取消寄宿资格。3.自行车停放在指定地点。在校内骑行一律靠右慢行，要保证车况良好，下坡不得冲坡，在马路上要遵守交通规则，要注意观察。要文明乘坐公交车。4.学校视频监控系统和背景音乐系统已经启用，周界报警系统和电子巡更系统也将于本周内启用，加上安保人员和生活老师的监管，校园安全是有保障的。希望同学们尊重物业管理人员，爱护安保设备，提高警惕，发现问题随时报告，共同做好学校安全保卫工作。

老师、同学们，新学期的大幕业已拉开，各项准备工作已经就绪，让我们共同努力，克服困难，用高质量的工作业绩和良好的学业成绩向建国60周年献礼。

最后祝老师们身体健康，工作愉快，祝同学们学业进步，天天向上。

谢谢大家！

2009 年 9 月 1 日

学校因学生而存在，附中因你们而美丽

老师、同学们：

2010—2011 学年第二学期已经正式上课了，我代表学校欢迎大家安全回到校园继续我们共同的理想追求。

2010 年我校各项事业蓬勃发展，学校区域影响力进一步增强，知名度和美誉度进一步提升。

校园建设有新的进展。投资 2300 万元的二期全部学生宿舍如期开工建设，投资 4000 万元的艺术中心正在进行施工招标，即将开工建设，投资超过 4000 万元的体育馆和二期教学实验楼已开始委托设计并将于年内开工建设。国内部规划项目已全部得到落实。

学业测试成绩优良。各年段与入学成绩比较均有不同程度的进步，受到上级主管部门和同行的好评。

第二课堂活动参赛成绩良好。在"感恩祖国"中小学生演讲比赛中，初三（3）班吴雨晴同学获得市一等奖第一名，代表漳州市参加全省比赛，获得一等奖。初三（5）班潘珠峰同学获全国信息学奥赛福建赛区三等奖。全市初、高中仅有 8 位同学在此项赛事中获奖。在市 2009—2010 学年度中小学文艺调演中，高一（3）班沈佳颖同学获得高中器乐组一等奖，高一（2）班林妍珏同学获得高中声乐组三等奖。在市学生美术作品比赛中，有 5 位同学获得一、二、三等奖，其中桂燕同学的篆刻作品获得一等奖。在 2010 年市中小学生田径运动会上，我校与市属其他学校组成联队，柯彬彬同学取得跳远第三名和三级跳远第七名的好成绩。我校初三（5）班获得省级"先进班集体"称号，初三（4）班李名镜同学获得省"三好学生"称号，初三（6）班许智雄同学获得省"优秀学生干部"称号。初、高中还有一批同学上报为省级"三好学生"和"优秀学生干部"，等待教育厅批复。在市高中学科竞赛中有 34 位同学获得一、二、三等奖，其中 2 人获得一等奖。

教师教学竞赛成绩显著。在 2010 年上半年举行的全市高中新课程片段教学比赛中，共获得一等奖四科、二等奖四科、三等奖一科。其中数学学科钟宜福老师、历史学科邵子艳老师分别排名数学、历史学科第一名。总成绩名列参赛各校前茅。在中国教育学会历史专业委员会主办的 2010 年全国初中历史优质课竞赛活动中，邵子艳老师荣获说课比赛一等奖。在福建省初中英语教师新课程优秀课例评选中，吴旭章老师获得二等奖。在福建省第二届中小学体育教学比赛中，吕学云老师获得三等奖。

在 2010 年下半年举行的全省中小学幼儿教师教学技能大赛市级选拔赛中，我校初、高中 15 位教师参赛，全部获奖，其中一等奖 6 人，江振武、潘四梅、周永春三位老师以各自学

科第一名的资格代表漳州市参加省级比赛。郑玉梅老师在市初中美术教师课堂教学比赛中获得一等奖第一名。在第六届全国中学物理教学改革创新大赛福建省选拔赛中，我校王学光老师获得特等奖并将代表福建省参加全国比赛，郭燕平老师获得一等奖，获奖人数名列全省各校第一。八年级年段长周永春被评为2010年福建省优秀教师。学校党支部被开发区党委授予2009—2010年度"先进基层党组织"称号。

经过市教育局组织专家评估，我校被评为"义务教育标准化学校"。成功承办第21次市属学校德育工作研讨会暨学科德育经验交流会。市教育局下文将我校实行的学生"成长导师制"推广至全市。

客观地说，厦大附中规模初具，管理规范，成效初显，已经成为具有较大区域影响的学校。

2011年将是发展不平凡的一年。今年是中国共产党成立90周年，是辛亥革命100周年，也是厦门大学建校90周年，是"十二五"发展开局之年，是《国家中长期教育改革和发展规划纲要（2010—2020)》和《福建省中长期教育改革和发展规划纲要》全面实施的第一年，是我校第一届初中学生毕业、完成年段全覆盖、国际部开始招生的具有里程碑意义的一年。到今年秋季，我校将有从初一到高三全部六个年段44个班级，在校生1900人，教职工168人，后勤服务人员90人，成为一所规模比较大的学校。

本学期的主要工作思路是：

以编制《厦大附中五年发展规划（2011—2015)》为抓手，全面启动省一级达标高中的申报工作。

以夺取首届中考优良成绩为阶段目标切实提高教学质量，确保获得市中考质量先进学校称号。

以"六年一贯制"创新人才培养实验的课题研究引导学校教育科研工作的深入开展。从三个方面积极培育学校特色，即创新人才培养、以生为本的全人教育和教育国际化。

以创建德育示范学校为契机，切实做好学校德育工作，做出特色。

同学们，学校因学生而存在，附中因你们而美丽，而学生的成长离不开学校。厦大附中作为站立在建校已90周年的厦门大学这一巨人肩膀上的高标准中学，我们要把建设一流学校作为孜孜追求的目标。而一流学校最突出的标志是要不断涌现一流人才。同学们今天在学校刻苦学习，正是为了发展自己，进而报效父母和祖国。为了应对未来社会对人才的需要，我们

提出了厦大附中的学生发展目标，即坚持素质为本多元发展。
主要表现在以下两个方面：

1. 在学生的自我可持续发展能力上，强调以下表现：

（1）有较清晰的自我意识和自我评估能力。

（2）有良好的人际沟通和合作交往能力。

（3）有良好的学习习惯和自学能力。

（4）有初步的自我生涯规划能力。

2. 在学生的素质结构中，强调培养学生具有以下核心要素：

（1）具有科学思想、创新精神和良好的心理素质。

（2）养成爱国情感、中国灵魂、国际视野和全球胸怀。

（3）培育基于现代道德文化和人类核心美德的道德观和价

值取向，养成高尚的道德表现。

（4）在听、说、读、写、算等学习技能的各个领域，坚持较高的学术标准和表现力水平。充分重视校园写作，力求形成氛围和特色，促进学生具备突出的写作能力。有良好的外语基础。

（5）有探究人类周围世界的好奇心和自信心，有信息加工能力、方法运用能力、人际合作能力、过程评价能力、成果应用能力和语言表现能力。

（6）有营养、保健、运动、审美、卫生和绿色生活的常识以及科学、文明的良好生活习惯。

（7）独立生活中有较强的自我管理能力，能以宽容的心理直面生活中的困难。

老师、同学们，让我们同携手共命运，发展自己，关心他人，奉献学校，关注社会，做一个有社会责任感的人，共同创造厦大附中更加辉煌的明天。今天做合格学生，明天做优秀公民。

谢谢大家！

2011 年 2 月 21 日

请不要怀疑对"崇高"的追求

——2018届高中毕业典礼致辞

亲爱的同学们，尊敬的各位家长朋友、各位同事：

大家上午好！2018届高中毕业典礼此刻隆重举行。这也是我校晋升省一级达标高中、省示范高中建设学校、省文明校园后的第一场毕业典礼。高中毕业是值得庆贺的人生大事，高中毕业典礼是真正的成人礼。我代表学校热烈祝贺同学们顺利毕业，从此开启人生新的航程。

我想我下面的讲话可以看作是成人间的对话，是就一个话题彼此间真诚地探讨。我发言的题目是：请不要怀疑对"崇高"的追求。显然，我的发言只是一个开端，更深入地讨论就交给你们了。

不久前，在杭州某小学"我有一个梦想"的演讲比赛上，有位同学说："我的梦想就是发财！"一时舆论哗然。我观看了这段150秒的视频，觉得这位同学的演讲不仅说出了他自己的梦想，也道出了不少平凡人的真实感受。他还说道："要真发了财，能帮到人的还是要尽量帮。""自己有闲钱了，自然就可以做一些想做的事情。"我相信绝大多数人都会这样想。因此，我认为，一位小学生在班会上作这样的演讲不应受到非议。成人社会中的很多人不一定能够达到这个境界。

但是，如果我是他的老师，我一定会和他作更为深入的探讨。一个简单的事实是，帮助别人与是否发了财没有必然关系，做自己想做的事与是否有闲钱也没有必然关系。我们简单将立业和利他建立在"发财"上，也许一辈子只能停留在"发财"上。等发了财再去帮助别人的人可能一辈子也不会帮助别人；等有了闲钱再去做自己想做的事的人也许一辈子都是钱的奴隶。作为老师，我的看法是，"我"（譬如那位同学）的梦想可以是发财，但"我们"的梦想不能只是发财，因为天下之"财"只有那么多，都想发财就只能以邻为壑尔虞我诈，甚至与师长亲人之间也只剩下生意和交易。

我为什么不赞成直接鼓励中小学学生追求发财梦？因为我觉得，如果在孩子的精神世界里确立"发财梦"的世界观，不仅缺乏崇高，而且是非常危险的。财富英雄的英雄情结往往表现为不为更好而为最好，一门心思要立在时代的风口浪尖上，一定要将对手打倒，要做行业老大，财富多了还要再多，社会责任管不了，反正就是挣钱，富可敌国也不肯罢休。卧薪尝胆的岁月虽不堪回首，但与"拼搏"一同成长起来的复仇心理将所有人都幻想成敌人。只要阻挡我赚钱，就一律是我的敌人。打打打，拼拼拼，打拼打拼，正所谓商场如战场。财富英雄的英雄情结过于强烈，可能导致"商业法西斯"，对全人类的损害不亚于战争。我绝不鼓励学生做"战争狂人"。

君子爱财，但应依道取之。假如无道之人聚不义之财仍能

上课

成为众人心目中的财富英雄，则孩子发出"我的梦想就是发财"的呼声就完全在意料之中。我们给孩子一个什么样的世界，孩子就有可能成为什么样的人。现在的情况是，但凡有三个人聚集在一起，多半要扯到钱上去。即使开始还有几句正经话，聊长了总以钱的话题"压轴"。

但是，钱真的比什么都重要吗？真的连孩子都要在人生的起点上一门心思想着挣钱的事吗？也许大家觉得现实不就是这样吗？想挣钱有什么错？我觉得确实没有什么错。但我觉得，非到绝境时，人还是应当有一点崇高的追求。当然，挣钱也可以做到崇高。但如果只想着钱而罔顾其他，是不可能崇高的。人为什么要有崇高的追求？因为现实世界并非理想世界。苟活不是人类生存的目的，何况大自然的赏赐足以支撑人类更诗意更高尚地活着；更重要的是人们希望明天的世界比今天更美好。如果所有的人都留恋物欲，停留在物质满足的层面，在财富争来夺去的人间地狱中苟延残喘，则明天就意味着更大的灾难。我个人认为，财富首先属于全人类，这是基本属性。如果道德和制度不是用来保障每个人的生存，就不是好的道德和制度。如果社会失去基本的道德自觉和调节能力，富人越来越富，穷人越来越穷，这个社会就不可能太平。所以，古往今来的圣贤，都以极大的责任感倡导追求崇高的精神满足。并非他们不食人间烟火，不懂人情世故，乱弹高调；相反，他们的选择恰恰是他们因"哀民生之多艰"、立志拯民于水火的情怀的驱使而生成的大智慧。如果失掉崇高的精神追求，人类健康而长久的延续将变得非常困难。

因此，作为教师，不应无视类似"加油！努力！为了人民币！"的小学生的毕业留言和"我的梦想就是发财"的演讲。少年梦应当五彩缤纷，不要过于现实，不能过度世故，应当有更崇高的追求，进入更崇高的境界。过早强调发财，人生的第一粒扣子相对容易扣错。人应该在追求崇高的终极梦想中"发财"，而不是通过发财来成就梦想。人非因财务自由而自由，真正的自由源自心灵。

同学们今天就要告别附中开启新的人生征程。12年寒窗确实辛苦，但真正变幻莫测的人生也许从此刻才拉开帷幕。两周后，高考成绩发布，我们将要填报志愿。这是一次重要选择，甚至也是一次艰难选择。现在有个时髦词叫"生涯规划"，也是一门课，大学开，中学马上也要开。我的理解是，生涯规划这门课依然是人生修养课，重在养"心"，而非练"术"。从大处着眼，小处入手，脚踏实地，养活自己，快乐全家，服务他人。如果我们局限在技术层面，研究些厚黑学、炼金术、驭人术，准备创业做大老板的话，对将来成就事业未必有好处。生涯规划作为一门"学问"不能钻牛角尖，不能就事论事、太具体、太微观，应当围绕世界观、人生观、精神、品格等方面的培养和教育引导来做。计划赶不上变化。以此时之条件设计彼时之行动，太功利反而不行。设计太精密，说不定墨迹未干就成了废纸一张。

如果我们都按照比尔·盖茨和马云来规划生涯，无疑是陷入一个天大的骗局。我敢说，他们二位的生涯未必是经过设计的。最精彩的人生往往是极富神奇创意的，哪里能够早早地规划？一个人获得成功的原因不会那么简单，其中有个人因素，有社会因素，也有机会因素。"马云"首先是有思想、有追求的人，立足现实，不甘平庸。"马云"注定不会是一个平凡的人，没有"阿里巴巴"，一定会有"阿里妈妈"。这是其个性因素决定的。传统商业发展到今天，对电子信息和互联网的使用已经成为必然。马云不出现，牛云自然会出现。从本质上说，牛云也是"马云"。恩格斯说："社会一旦有技术上的需要，则这种需要就会比十所大学更能把科学推向前进。"恩格斯还说过："假如不曾有拿破仑这个人，那么他的角色是会有另一个人来扮演的。"梁启超说："路得非生于十六世纪，而生于第十世纪，或不能成改革宗教之功。"时势造英雄，每一个时代都不缺英雄。这就是社会因素。一定个人因素与一定社会因素结合，"英雄"必然会诞生。谁是英雄？英雄具体生于何时何地？这里有机会问题，也有一定偶然性。任何时代都有成功机会，但"机会"不会均等而自然地送到每一个人手里。时代英雄必定是英雄的某种特质契合了时代需要而诞生的。如果在冷兵器时代，"小脑袋"的马云是很难成为战场上的英雄的。

据说，著名物理学家钱伟长先生当年报考清华大学时，物理只考了 5 分，数学和化学加在一起考了 20 分，英语因为没学过，考了 0 分，最终因语文和历史两个满分而走进了清华大学历史系。在他进入历史系的第二天，爆发了震惊中外的"九一八事变"。19 岁的钱伟长当即作了个令人不可思议的重大决定：他要弃文从理，改学物理，要学造飞机大炮。物理系主任吴有训先生同意他到物理系试读一段时间。钱先生废寝忘食潜心苦读，不仅留在了物理系，毕业时已成为最优秀的学生。1935 年他考取了清华大学研究院，1940 年考入加拿大多伦多大学攻读弹性力学，1942 年，钱伟长获得了博士学位。在此后的四年里，他在美国加州理工学院和喷射推进研究所与钱学森一起从事航空航天领域的研究工作，在固体力学和流体力学领域成果卓著。然而，正当钱伟长在美国的事业如日中天的时候，他却选择了回国，在母校清华大学当了一名普通教授。后虽历经磨难，但学术成就卓著。

本来应该是一名英语教师的马云成为一位商业巨人，而应该是一位史学大家的钱伟长最终成了一代物理大师。给我们的启示是，要成就一番事业，必须与时代同呼吸，要与祖国共命运，只做自己的发财梦是不行的。

今年的 5 月 5 日是"千年思想家"卡尔·马克思诞辰 200

周年。这期间我又重读了《共产党宣言》等著作，这里我要特别推荐17岁的马克思写于中学毕业时的一篇作文《青年在选择职业时的考虑》，供同学们学习、参考。

在这篇文章中，马克思说："能给人以尊严的只有这样的职业，在从事这种职业时，我们不是作为奴隶般的工具，而是在自己的领域内独立地进行创造；这种职业不需要有不体面的行动（哪怕只是表面上不体面的行动），甚至最优秀的人物也会怀着崇高的自豪感去从事它。"

马克思又说："在选择职业时，我们应该遵循的主要指针是人类的幸福和我们自身的完美。不应认为，这两种利益是敌对的，互相冲突的，一种利益必须消灭另一种的；人类的天性本身就是这样的：人们只有为同时代人的完美、为他们的幸福而工作，才能使自己也过得完美。""如果一个人只为自己劳动，他也许能够成为著名的学者、大哲人、卓越诗人，然而他永远不能成为完美无疵的伟大人物。""历史承认那些为共同目标劳动因而自己变得高尚的人是伟大人物；经验赞美那些为大多数人带来幸福的人是最幸福的人。""如果我们选择了最能为人类福利而劳动的职

油画《梵高向日葵》 高一（4）班林可欣

业，那么，重担就不能把我们压倒，因为这是为大家而献身；那时我们所感到的就不是可怜的、有限的、自私的乐趣，我们的幸福将属于千百万人，我们的事业将默默地，但是永恒发挥作用地存在下去。"

最后我想重申：请不要怀疑对"崇高"的追求，永远不要！我特别希望你们一辈子幸福快乐，但又特别不希望生活里你们只剩下苟且；我希望同学们不仅自己做一个幸福的平凡人，而且能让更多的人因为你们而幸福。相信你们能够做到比我们期待的更好！

谢谢大家！

2018 年 6 月 9 日

铸就强健体魄，塑造健全人格

尊敬的各位老师，亲爱的同学们：

大家上午好！厦大附中第五届校园文化月活动，以2015年田径运动会为起点，今天正式拉开帷幕了。在为期一个月的文化月活动中，学校将举办文艺、体育、科技等数十项活动。小型活动重点安排在第15、16周。第17周举行师生新年环校园长跑活动。第18周举行新年广场钢琴演奏会暨文化月活动闭幕式。本届田径运动会将有1232位同学和167位教职工参加比赛，其中学生比赛项目有男子12项、女子11项。可谓好戏连台，精彩纷呈。这里，我真诚地期待老师、同学们积极参加文化月及运动会各项活动。同时，我代表学校，向为文化月及运动会活动顺利开展提供帮助和志愿服务的老师和同学们表示感谢！

"体育是培养健全人格的最好工具。"这是我国近代著名的体育教育家马约翰的一句名言。在这位教育家的眼中，"运动场是培养学生品格的极好场所，可以批评错误，鼓励高尚，陶冶性情，激励品质"。

然而，相关研究表明，中国学生是世界上最勤奋但同时也是最劳累的。面对升学压力，同学们每天用于锻炼的时间被大量挤压，身体素质每况愈下。加强体育锻炼、提高身体素质对于同学们自身发展以及未来的长远进步，有着至关重要的作用。

　　著名教育家蔡元培先生说："完全人格，首在体育。"蔡先生于百余年前即提出"健全人格说"，认为健全人格包括四育，即体育、智育、德育、美育。在"完全人格"中，蔡先生将体育置于首位。他说："体育最要之事为运动，凡吾人身体与精神，均含一种潜势力，随外围之环境而发达，故欲发达至何地位，即能至何地位。"在谈及体育与德育的关系时，他再一次论证了体育的基础地位："凡道德以修己为本，而修己之道，又以体育为本。忠孝，人伦之大道也，非健康之本，无以行之。"主张通过体育运动提高公民道德和修养。1920年12月5日，蔡先生又在新加坡南洋华侨中学的演说中，将"完全人格"称为"健全人格"，对体育的功能和作用及所应掌握的尺度作了务实的说明。"有健全之身体，始有健全之精神"，在当时，这无疑具有先驱意义。今天看来，蔡元培先生提出的"完全人格，首在体育"的理论依然具有现实意义，培育人格健全之学生方为教育之根本目的。

　　同时，加强体育锻炼对同学们自身发展也有着重要意义。首先，倡导体育强身对提高同学们的身体素质有着重大的现实意义。快节奏的现代化生活，让我们有了更多的电动健身设备和锻炼的空间，却少了锻炼的自主性与积极性。放假时通宵达旦玩游戏、作息颠倒黑白等由信息网络化带来的不良生活习惯也在同学们的周围日益蔓延。

环校园长跑

　　另一方面，面对自主安排的课余时间，意志力不强的同学往往容易趋向懒惰、散漫，或者养成通宵熬夜、白天犯困、饮食不规律等不健康的生活方式，在一定程度上损害了身心健康。越来越多的社会调查结果显示，腰椎间盘突出、肥胖、高血脂甚至包括心脑血管疾病的年轻化，使青年人的健康问题日益凸显。因此，强调体育健身、倡导养成良好的生活习惯势在必行。倡导阳光锻炼、推广体育强身对提高同学们的人格修养和综合素质也意义重大。在课业负担的重压下，部分同学怕吃苦受累、经不起挫折、受不得委屈、意志力薄弱等精神素质方面的问题也很突出。加强体育锻炼，能有效缓解内心的焦虑和压抑，改善自己的精神风貌。

体育之于人格的完善，大致体现在：发展我们的个性，挖掘生命的潜能，体察生命的绚烂，提高我们身心的适应能力，培养尊重、合作、竞争、拼搏的意识与团队精神，使我们成为具有责任心、荣誉感和正义感，坚忍不拔，充满自信，遵守规则，崇尚文明的合格公民。从更高层面来说，体育还可以培养爱国主义情感，凝聚民族精神，提升国家的竞争实力。

梁启超在《少年中国说》中提到："少年强则国强""少年雄于地球则国雄于地球"。培养身心健康、体魄强健、意志坚强、充满活力的一代新人，是一个国家旺盛生命力的体现，是社会文明进步的标志，是国家综合实力的重要方面，也是实现中华民族伟大复兴的必然要求。我们有理由相信，未来，属于拥有强健体魄和健全人格的年轻一代。

最后，预祝第五届校园文化月活动成功举办，预祝本届运动会取得圆满成功！

谢谢大家！

2015 年 12 月 2 日

让教育更加尊重生命

尊敬的各位老师，亲爱的同学们：

大家新学期好！我今天讲话的题目是：让教育更加尊重生命。

2007年6月我第一次来到福建，第一次踏上漳州开发区的土地，来到一处叫寨山的地方，开始了挖山填海造地建校的历程。2008年9月1日，厦门大学附属实验中学正式招生开学上课，我和来自全国各地的20位同事带着240位七年级新生，开启了全新的教育之旅。

那天上午，开发区管委会在南门口举行了简短的厦大附中揭牌仪式。我在仪式上作了《我们正在创造历史，历史终将铭记我们》的致辞。在致辞中，我畅想了学校三步走的战略，即五年、十年、十五年的发展目标。原文如下："今后五年的发展目标是，在办学思想、政策制度和实践行动三方面基本形成现代化品牌学校的基本框架。其突出标志是，教师队伍稳定，教学秩序井然，师生精神面貌良好，校园文化初步形成，升学成绩优良，为学校达标升级奠定良好基础。未来十五年的目标是，建成示范性高中。尽可能在高中招生后，用十年时间建成省一级达标高中。"在致辞中，我们期待的学校远景奋斗目标是："把学校建设成一所具有文化竞争力的现代化的有特色的学校。"

十年来，我们没有一刻不向着这个目标而努力奋斗。我们提前实现了前两步的奋斗目标，并为第三步奋斗目标的实现奠定了良好基础。在高中招生八年时建成一级达标高中，并顺利入选省示范高中建设项目校。尤让我们感到自豪的是，十年来，从附中毕业了八届初中生、七届高中生，共计5232人次。近五年的高考平均一本达线率超过80%，本科达线率接近100%，人才培养成果丰硕。2018年是附中办学十周年。2008年进校的初一新生中有很多人今年正好大学本科毕业，应邀参加今天开学典礼并致辞的李名镜同学是其中之一。名镜用十年时间，从走进附中大门一直走进北大大门。名镜和所有附中学子的健康成长是附中存在的根本价值体现。

十年来，我们一直向着"培育并不断提升一流的教育服务品质，用合适的教育办学生喜欢的学校"的发展目标稳步迈进。我们提出，要在遵循普遍价值观的前提下实现教育对人的起码尊重。我们重视课堂质量和升学质量。"实现教育对人的起码尊重"，是指学校教育要尊重规律、尊重生命、尊重学生的选择。至今，八届中考、七届高考、学科竞赛等方面的成绩在全市名列前茅，成为名副其实的新兴优质学校。

让教育尊重生命，让学校尊重学生，突出表现在我们对"教育服务品质"的孜孜追求上。教育无非服务。十年来，我

舞蹈课

们从建设服务型校园、建设以一流教育服务能力为核心的师资
队伍、培育以生为本的教学生态、以丰富多元文化应对差异化
学情、构建以服务质量为指向的教师评价体系五个方面，开展
"以优化服务品质为核心"的学校内涵发展实践。经过十年的
发展，厦大附中已经成长为具有"一流服务品质"的优质学校。
十年前行，十年探索，我们为中国基础教育贡献出了许多有价
值的教育理念和实践经验，为同行和社会所认可。

　　2017年的最后一天，在我们通过了一级达标高中现场评估
的第二天，我在博客上发表了《不忘初心，继续前进——致全
体附中人》的公开信，引发附中人热议。2016届高三（9）班
的江艺同学看到这篇文章后给我写了一封信，她说她"热泪盈
眶"，想写封信和我聊聊。她在信中说："我即将大三，对自己

的未来也有了清晰的规划。很多时候迷茫或者坚持不了，总会找附中老师寻求帮助，也会以自己是附中人而要求自己，始终以附中为自豪。"在各类社交平台上，类似的校友留言很多。

暑假期间，2016届毕业生、现就读于清华大学的郑凌峰同学，在自己中学时代购买、阅读的藏书中精选了126本、码洋4200余元的图书，捐献给母校。其实，给学校捐书的远不止凌峰同学。这同样反映了附中学子对母校的由衷热爱。

这种对母校的喜欢与眷恋，源自真诚而自觉的感恩之情。与中考综合比、高考达线率录取率、北大清华录取人数、"985"

2018年8月8日，郑凌峰同学（左2）向母校捐出部分藏书。凌峰高三时出版作品集《局外集——一个中学生的案边废墨》，大二点校张岱全集之《陶庵梦忆》《西湖梦寻》，由浙江古籍出版社出版。右1为2016届高中学生詹昱辰，现就读于中科大少年班。右2为2018届高中学生游震邦，现就读于北京大学。

录取人数、奥赛获奖人数等等反映办学质量的客观数字相比，学生的感受以及家长和社会的口碑是更准确更重要的评价。它反映了我们"培育并不断提升一流的教育服务品质，用合适的教育办学生喜欢的学校"的发展目标在一定程度上得到了实现。

今天，我们站在了新的跑道上。未来四年，我们将以全面落实厦大附中《"十三五"发展规划》和《示范高中建设总体规划》为抓手，不断提升教育服务品质，提高教育教学质量。2018级新生将面临新的中高考招生制度改革，特别是高考，变革前所未有。新方案最大的亮点是高考文理不分科，促使中学实行走班选修，学生因此有了更大的自主权和选择权。2018年，在招生办学十周年之际，厦大附中校园即将按规划全面建成。一流的办学硬件，不仅有助于落实新课改的各项要求，尤其能使我们的教育服务品质臻于完美，学生的校园生活将会更精彩。新学期学校将在高二年级开设游泳选修课，艺术选修课、校本课程将更加注重质量。要让教育更加尊重生命，关键要落实到课程和教育行为上。未来几年内，我们的工作重点就是要通过课程来有效地保障"教育更加尊重生命"这一重要教育理念。我们将抓住改革新机遇，争取走出特色之路，为推进全省课改顺利实施贡献智慧。

让教育带着温度落地，安静做真实的教育，是对教育本质的回归。厦大附中办学十年一直践行"培育并不断提升一流的教育服务品质，用合适的教育办学生喜欢的学校"的办学思想。让教育在尊重生命的前提下为学生的人生增添光彩。未来，我们将矢志不渝，在十年实践、探索的基础上，努力让教育更加尊重生命，继续积累并提炼出可推广、可复制的教育思想和模式，实现学校发展的远景目标：把学校建设成一所具有文化竞争力的现代化的有特色的学校。

反思十年的教育实践，我们觉得也有很多需要汲取的经验教训，也有需要进一步提升和深入实践的地方。要在教育改革的"深水区"大胆实践，要在关键点上寻求突破。学校服务学生成长的使命没有完成时，提升服务质量永无止境，"办学生喜欢的学校"永远在路上。我们必须承认在诸多方面的探索尚显保守，尚未能给学生的健康和谐成长提供全面优质的服务。未来要继续优化服务品质，推动学校规范办学和学生全面健康发展。坚持"干部服务群众、行政服务教学、全校服务课堂、全员服务学生"的教育服务理念，坚持从提升服务品质发力，持续稳步提高办学质量。

各位同事，历史的车轮已驶入 21 世纪，教育再回归到孔子和苏格拉底时代显然不可能。快节奏和无处不在的竞争，强化了教育的工具性。比较、甄别、筛选以及知识本位，使得"真实的教育"的内涵也在一定程度上发生了不可逆转的变化。我们唯一能做的就是坚守教育人的情怀。所以，我们才会说，实施人道的应试教育，在遵循普遍价值观的前提下努力实现教育对人的起码尊重。在"安静的校园"中，我们追求"稍稍有一点诗意的生存"和利他行为的审美化，笃信"挚爱是优秀教师的核心素养""教师生活在学生中""师生关系学是教师的必修课"等教育文化观，关注学生的现实快乐，尊重学生的自主选择，努力让学生免于恐惧，宽柔以教，勉励学生做幸福的平凡人，办学生喜欢的学校。在安静的课堂上，我们尊重教师的智慧和教学主导权，尊重常识，追求"教有序，学轻松"的

学生来信

和谐课堂，懂得"爱是恒久的忍耐"，"声讨'为了考试'的课堂"，在尊重客观差异性的基础上提高课堂教学有效性。在这样的校园和课堂里，我们师生携手共进。

各位同学，学校因学生而存在，附中因你们而美丽。以学生成长为核心是附中最重要的办学主张。老师希望同学们努力成为身心健康、人格健全、知识渊博、气质高雅并具有独立思想、民族情怀、国际视野以及较强的可持续发展后劲的现代化建设有用人才。我由衷地希望同学们，既能立足当下，从容应对眼前的苟且，又能面向未来，不忘诗和远方。我深刻地体会到，一个人要想做成一点有益的事，不能没有高远的理想和对事业坚定的信仰，还需要一颗安静的心。我甚至认为这颗安静的心比什么都重要。古希腊历史学家希罗多德在《历史》一书中记载，埃及金字塔为30万奴隶所建造。1560年，瑞士钟表匠布克在游览金字塔时，作出"埃及金字塔不是奴隶建造的"

这一石破天惊的推断。他的理由是，金字塔这么浩大的工程，被建造得这么精细，各个环节被衔接得那么天衣无缝，建造者必定是一批怀有虔诚之心的自由人。一群有懈怠行为和对抗思想的奴隶，绝不可能让金字塔的巨石之间连一片小小的刀片都插不进去。很长时间里这个推论都被当作一个笑料。400多年后的2003年，埃及最高文物委员会宣布：通过对吉萨附近600处墓葬的发掘考证，金字塔是由当地具有自由身份的农民和手工业者建造的。这证实了布克的推断。这个故事告诉我们，心态浮躁必然急功近利，最终难成大事。我希望大家记住韩愈的话："无望其速成，无诱于势利。"朝着伟大的目标"慢慢地"成长。

老师、同学们，让教育更加尊重生命，就是要让生命自由地成长。人性美是创造幸福人生的重要动力，而紧张的人际关系会扼杀创造力。我们要努力使附中成为稍稍有点诗意的校园。我坚信，尽管未来充满变数，但厦大附中服务学生健康成长的"初心"不会改变！厦大附中的明天一定会更美好！

谢谢大家！

2018 年 9 月 3 日

让更多的人因为你而幸福
——2014届高中毕业典礼致辞

尊敬的各位同事，亲爱的同学们：

大家早上好！

在凤凰花开的日子里，我们走进了毕业季。今天，2014届高中毕业生就要正式毕业离开母校了。亦乐园中同学们度过了难忘的三年高中时光，更有57位同学在这里学习、生活了六年。这段岁月终将铭刻在同学们的记忆中。今天的毕业典礼，不仅对于同学们来说是一个永远值得回望的里程碑，同样也是注定要写进附中校史的一件大事。这是厦大附中建校以来首次举行的毕业典礼。我首先代表学校向同学们表示热烈祝贺！向老师和家长表示真诚感谢！

对于一所新学校来说，校园文化的形成除了离不开老师这个当然的缔造者外，同样也离不开各位同学。如果让我用一个词来评价同学们，我以为最恰当的词是"优秀"。这种优秀不仅表现在学习刻苦和优良的文化课学业成绩方面，尤其表现在单纯善良、富有理想和道德自觉、朝气蓬勃、充满好奇心、懂得感恩、尊重师长以及同伴友好、富于合作精神等方面。用我的眼光看过去，我总能看到同学们灿若春花的笑脸和坚毅的眼神，这使我在处于经常的激动之中清晰地意识到教育的意义和为师者的价值所在。我要在这里谢谢同学们。谢谢大家！

厦大附中办学六年来，秉承厦门大学"自强不息，止于至善"的校训，初步形成了"敦品、励学、笃志、尚行"的校风，校园文化建设和办学质量快速跻身优质学校行列，已成为闽南乃至全省知名度和美誉度较高的学校。学校因学生而存在。附中的办学目标是：培育并不断提升一流的教育服务品质，用合适的教育办学生喜欢的学校。不管中国教育面临怎样的困境，厦大附中人将矢志不渝地面向"立德树人"的教育本质，坚持自己的价值选择，追寻自己的教育理

　让教育更加尊重生命

校园周末电影

想，努力实现教育对人的全面尊重。2013届毕业生、现就读于解放军理工大学的林斌同学，前不久在发给我的短信中说："毕业以后心里一直很想念附中。附中给我太多美好的回忆了，我十分感谢附中，十分希望能回去看一看，再感受我曾经拥有的高中生活。在军校的一年里，接触到了很多人很多事，我最大的感受就是附中不仅带给我知识，而且让我成长为一个有良好道德修养的公民。在与我的战友的相处中就能感觉到我们之间眼界的不同，心胸的不同。附中的教育带给了我们更加开阔的视野。附中是当今社会一块不可多得的净土，是一个学习的好地方。"我很珍视同学们的这种感受和评价。为了你们的健康成长，老师们甘愿默默付出，无怨无悔。

　　同学们，随着毕业歌的旋律响起，你们就要告别家园般的校园和父母般的老师。你们长大了，你们成熟了，你们要单飞了。让你们快乐而有力地飞翔正是我们的责任。但我仍然希望，明天早晨，温暖附中的第一缕阳光依然能够照进你们的心田，唤醒附中的第一声鸟鸣依然能拨动你们快乐的心弦。但愿母校的姹紫嫣红能一直缤纷在你们的记忆中！此时，我不想念叨冗长的嘱咐。我坚信，只要你们在附中用心生活过，你们被濡染过的精神和被滋养过的心灵，会带你们抵达理想的彼岸。

最后，我仍然要以一位父亲的名义祝福你们：前方的路正远，我希望你们做一个"幸福的平凡人"！在更多的人关心你们能够考上什么大学的时候，我更关心你们是否快乐，并由衷地希望你们在未来遭遇不快乐的时候还能找到快乐的理由，永远保持一颗快乐的心。幸福的平凡人要自立自强自尊自爱，要克己克勤克俭，要宽容善良，要懂得爱，更要珍惜爱……这些不需要我再说，相信你们都懂。幸福不仅是自我感觉，更是责任。我希望同学们不仅自己做一个幸福的平凡人，而且能让更多的人因为你们而幸福。

相信你们能够做到比我们期待的更好！

谢谢！

2014 年 6 月 9 日

我必须告诉你生活的真相

——答方一、舒畅同学

前几天接到两封反映学生社团时事社问题的学生来信。一封是已经毕业的前社长方一（化名）同学用手机发来的"短信"，"短"到居然只有近5000字；另一封是初三学生舒畅（化名）同学放在我办公室里的，长达6页。两封信长则长矣，但反映的问题只有一个，就是给他们"自由"。我给方一的回复是："谢谢你写这么长的信！会处理好各种关系是最重要的本领。时事社为何出现当下的局面？我看不到半点自我检讨。这就很难进步。放心，学校会支持的！祝快乐、进步！姚跃林。"我的疑问在于，为什么那么多的社团都很太平，偏偏时事社从成立之日起就纷争不断？如果不从自身找原因，是很难进步的。诚如其言，时事社不会对抗学校的；我也要说，学校和老师也没有理由不支持学生社团。为什么这中间有摩擦？各自都要找原因。方一的信息中有句话颇耐人寻味："他们跟我说这些事的时候，非常悲伤，打电话一开口都是'学长我对不起你'，'社长我们对不起你'。"看到这句话，我的第一感觉就是，这个社团不是学校的社团，是某个人的社团，或者是几个人的社团。这个社团是有"祖师爷"的。无论何时他都在控制着这个社团。正因为这样，老师是不可能不警惕的。

我觉得这就是问题的症结！得不到支持的原因正是因为拒绝"支持"。时事社由政治教研组监管，每一学年都有具体的指导教师。但他们往往是拒绝指导的，有自己的一套。不能得到指导教师的支持，我只能说这就是不会办事。天大的本事也没用。指望校长在每件事上通过压制指导教师来帮助他们，这就是天真。这就是不明真相。校长要通过广大教师来办好学校，哪里可能带着少数"异想天开"的学生与老师"作对"？我不可能比众同事更高明。我有什么理由不尊重他们？6月份，方一同学给我发短信谈及两位老师，在看到其一番愤激之语后，我回复："这是你的偏见！你必须自己去解决这个问题，否则我也帮不了你。"有些人确实能干事，但他干事的时候看不到别人也干事，他总是认为自己的事最大，希望大家都停下自己的事围着他转。生活中这样的人往往是孤独而惹人烦的，最终也做不成什么大事。这便是生活的真相。

去年此时，我写过一篇文章《师生关系学是教师的必修课》，强调教师要懂得"师生关系学"。其实，学生何尝不如此。只是中小学学生还是孩子，教师应该主动引导。我在年初写的《如果没有学生干部》一文中说：

老师常常是"变色龙"，他对现有的学生干部不满意，但要让他将满意的推荐出来他又不愿意。成绩不好的他瞧不上，成绩好的他舍不得放出来。我一直希望有一位各方面都很过硬的同学来出任校学生会主席，我一直认为学生会主席跟校长一样重要。好的学生会主席是要载入校史的。但这么多年来，真正优秀的学生会主席不多。成绩好的不一定能力强，成绩好、能力又强的德行不一定好，成绩好、能力强、德行好的不感兴趣也不行。而要让"精致的利己主义者"为大家服务比登天还难。所以，我经常说要宽容和爱护学生干部，要感谢他们。校园里没有了他们就少了许多生机。

一个不具有领袖素养的人成为"领袖"，无论有多旺的人气，对事业都是有害无益的。故学生干部队伍建设并不是一件轻松的事。

我对时事社成立的背景并不十分清楚，只是看到招募成员海报才知道有这么个事。开始我只是以为一群同好定期就重大时事举办沙龙类的论坛。后来方一和几位同学请我为他们创刊的《时事报》写个发刊词，我不好拒绝，就写了篇《乘上时事快车去"越狱"》。报纸印出后一看，报名成了"领袖"，我吃了一惊。不是"时事报"吗，怎么就成了"领袖"？因为这个社团的性质不同于一般社团，我希望学校社团负责人和指导教师一定要认真指导。肯定不允许将未经审查的文章印发出去。开始报纸印的数量很大，每期十几版，走在校园里，满地都是《领袖》，老师们觉得太浪费了。后来有老师向我反映，有时报纸整版甚至一两个版发表的都是某几位同学的文章，观点也颇多不恰当处。我也觉得不妥。后来某一天，我突然发现几个地方又张贴有《校园日志》，我询问指导教师，指导教师居然也不得其详。而且我的文章还上了头条，也无人事先给我打招呼。我颇为不悦。我觉得他们太自作主张了。不知底细的人还以为是我指使他们将我发表在报纸上的文章复印到处张贴呢。如此为人处世，"众叛亲离"是必然结局。做事无法让人放心，"自由"就会被限制。这就是生活的真相。

《领袖》出刊不久，老师又向我反馈，时事社希望改善办公条件，《领袖》又要彩印。我回复，办公条件尽可能帮助改善，但也要实事求是。彩印暂时不具备条件，而且成本太高，也没必要。他们攀比的是观澜文学社。文学社是最早的社团，当时有一间独立的办公室。后来因为学生缺乏自律，不便于管理，也归到一起集中管理了。至于彩印更不好比。《观澜》一学期出两三期，而且时间性要求不高。时事时事，两个月见次报还叫时事吗？一周一报，编辑量大，费用高，不可行。如果有一天运转得确实很好，各方面的条件成熟了，彩印也未尝不可。但眼下显然还差得远。其实，我特别不想打击他们的积极性，现在的纸媒还有多少人看？在厦大附中，三千师生，也许只有我一个人看。何况我们的《领袖》还是文摘报、文抄报。今天，靠自己活的报纸几乎都活不下去。"天下难事必作于易，天下大事必作于细。"这就是生活的真相。《领袖》必须有恰当的定位。

关于社团规模和组织架构问题也是两封来信重点反映的。规模必然要控制，否则没办法开展活动。不是人多势众就好，当然也不在乎多三五个人。社团负责人的产生学校也没有统一的规定，由各自章程决定。刚开始，发起人就是负责人。方一同学是时事社的发起人，也是政治教研组指定的当然社长。吉力（化名）同学任第二任社长，是选出来的。上学期模联活动之前我根本不认识他。这次选拔社长，是政治组的几位老师面试确定的。两位来信直指此举有违"民主"，老师干预过度。我首先要问的是，方一任社长，大家为什么没反对？吉力任社长，老师为什么没反对？说明这期间时事社出现了信任危机。老师的 13 个社团全是发起人自任会长，学校根本没过问。学生的 6 个竞赛类社团基本都是辅导教师直接负责。17 个服务类、兴趣类社团，其负责人的产生大多是指导教师或上任负责人指定，都很太平。为什么独有时事社风波再起？我们要民主，但一人一票是真民主还是假民主，其背后有没有其他的因素在起作用？我不想揣测。我只想告诉方一、吉力一个简单的比方，你们就应该清楚了。如果我从厦大附中校长的位子上离任，然后我还不时到附中召集老师会议讨论下任校长的问题，你们觉得这正常吗？组织上、同事们会放心吗？也许大家一直对我有好感，但只要我不在其位还谋其政就必遭反感。有主见很好，而太执拗、固执己见就未必好。这也是生活的真相。我不可能鼓动你们做"不听话"的学生，因为不听话会吃亏的；当然，你们可以做个不听话、特立独行的人，你们有自我选择的权利，但我要告诉你们的是，"不听话"还能被喜欢、被依靠，你得是个非同寻常的人。这同样是生活的真相。

关于商赛，了解的人很少。如果是官方或准官方举办，学校一定支持。如果是纯民间组织或者是哪个同学个人组织起来的，未经相关部门批准，邀集一批孩子，在校外租住酒店，既涉及收费，又存在安全隐患，学校不会贸然支持的。在某些人看来，避之唯恐不及，学校怎么可能鼓励在校学生参加？虽然方一之前的短信中说是我下令禁止学生参加的话纯粹道听途说子虚乌有，但我不能隐瞒我的态度，学校是不会同意学生参加的。你们天真，学校不能天真。我期待方一同学能够出任全国商赛的主席，但我可以肯定地说，即便你是主席，学校暂时也不会组队参加类似比赛，除非由官方举办。我一点也不否认社团活动对学生成长的重要，但学校也要有所为有所不为，不是什么都要搞。譬如，舒畅同学说的美术类社团，我们马上就要组织，因为艺术馆建好了，老师也增加了，条件具备了；而动漫类暂时就不会搞。搞还是不搞都是经过认真研究的，绝非某一个人的草率决定。已有的社团，如果搞不好也会被解散掉。厦大附中所有的学生社团都是学校管理下的社团，一定不是某个人的社团。舒畅在信中说："难道附中真的只会在乎学生的达线率，而不会在乎学生的发展？"我觉得这句话不符合逻辑也不符合事实。社团活动有利于学生发展，难道文化课学习不利于学生发展吗？附中的社团活动还要进步，要向先进学校学习，但现状也绝非某些"社团活动专家"所说的那么不堪。舒畅又说："当时的宣传与现状相对比，我感觉来错了学校，之前的宣传只是学校的一种手段？"我不明白他说的宣传是指什么内容，但我可以肯定地说，附中从未做虚假宣传。我想问，大家到附中所为何来？没有必要遮遮掩掩。首先就是高升学率，其次才是高升学率下学生的选择还能得到尊重。没有好的升学质量，再好的社团活动也吸引不了学生，更吸引不了家长。对附中千万不要抱有太多不切实际的幻想。教育不相信奇迹。没有人能够随随便便成功。这便是生活的真相。反思我们的办学实践，我们认为我们抓住了"尊重生命"这个本质，抓住了"服务"这个路径，抓住了"教师"这个关键，抓住了"质量"

这个根本。初步办成了学生喜欢的学校。但"学生喜欢"绝不是说每一个学生都喜欢。"让每一个学生都喜欢"是一个永远不能实现的理想，我们将不懈追求，但不可能花全部的气力做委屈自己也做不到的事。我们做的是有原则的服务而非无原则的迎合。这也是生活的真相。

方一同学是有才的，附中的同学都是有才的，但现在都还是小才。小才成大才，中间不仅隔着时间、阅历、知识、能力，还隔着品德、智慧、胸襟、格局。而品德、智慧、胸襟、格局不能等到未来再养成，应该从小培养。小聪明能成一时之事，成大事者绝不只是"不拘小节"那么简单。社团成员和学生干部中不乏小聪明喜欢打小算盘的人，这类人最终是做不成什么事的。如果你真要努力做什么事，上帝都会帮助你的，老师有什么理由不帮你？这也是生活的真相。当然，我也希望老师们更要有大胸怀，平等而真诚地帮助学生。学生想做点事能做成点事很不容易，我们一定要帮助他们，不要动辄训斥、拆台。要相信我们今天的每一次真诚而得体的帮助都会在未来开出灿烂而迷人的花朵。相信这也是生活的真相。

时事社要定位为一部分有共同爱好的同学的沙龙性组织，而非全校性的"通讯社"。定期开展交流、讨论、辩论，多谋事少谋人，多服务少弄权，多干实事少刷存在感，进而提高自己，为未来发展作准备。这是我的建议。学校社团众多，要学会和平共处，不要太强势。和平年代，以你们现在的能力是改变不了社会的。要做的是借以提高自己。《领袖》要出精品，不要在乎时效，要针对时事写那些永不过时的文章。这样才能真正提高自己，启迪他人。我曾说过，做教育不是打 NBA，光靠明星教师不行。个人英雄主义在附中是没有市场的。我们希望附中能够给各类学生提供成长的平台，既可以是社团活动的骨干，也容忍什么社团都不参加的同学。我们希望附中的学生"领袖"懂得附中的文化和价值观，为同学们的成长和学校的发展提供切实可行的帮助，否则很难得到支持，甚至失去自由成长的空间。这就是生活的真相。

最后，我还要说，在当今中国的中小学，特别是高中，校长花一天时间写这样的文章与学生交流是不多的。这同样是生活的真相。我觉得这是个比较好的方式。希望你们且行且珍惜。

知道了这么多的真相，我相信大家能够更好地成长。我会始终关注着大家。

2017 年 9 月 23 日

成功的人生多数是可以复制的

今天是第 26 个教师节。我有幸在工作一年后就过上了我们教师自己的节日，那是 1985 年 9 月 10 日。其时正是百废待兴的年代，国运兴衰系于教育已成共识，让教师成为人们羡慕的职业成为政府的工作目标。我已记不清第一个教师节发了什么东西，好像是两个茶杯，价值 2 元左右，但可以肯定的是没有发钱。那时我刚转正，工资 54.5 元，班主任费 5 元，总收入不足 60 元。从事教育工作很清苦，坦率地说，羡慕的人不多。我有些没考上大学的同学在企业工作，基本工资比我低，但福利要好得多，印象中我似乎也没有什么不平，因为我向来认为这个世界本来就没有绝对的公平。90 年代中期，我的工资较第一个教师节时的 1985 年涨了十倍，然而我有不少在企业工作的同学下了岗，开始了朝不保夕地自谋职业，他们倒有些羡慕我了。

到现在的第 26 个教师节，我的从教生涯开始了第 27 个年头，可以算是名副其实的老教师了。本来我一直以为自己还年轻，但在前几天的一次班主任会议上，有位80后的青年教师发言时说"自己年轻的时候……"，我突然感觉到自己应该退休了。看来，我必须习惯有人叫我爷爷了。

教了近30年的书，我突然意识到自己原本可以活得更精彩，那些声名显赫的人物的精彩人生我们也是可以"复制"的，只要我们愿意接受，只要我们愿意付出。人的成长离不开良师益友，尤其在明确人生方向上离不开师长的指导。我大学毕业时，一位对我很关心的老师告诫我，人生一定要有努力的目标。他给我推荐了三条路：一是潜心写作，做一个作家；二是集中精力考研，做一个学者；三是踏实做一个教师，争取做一个特级教师。我比较认同第二条路，因为我读书比较刻苦，而且自觉已有所悟：所谓有学问，无非比别人多读点书。我就拼

化学家郑兰荪院士在作讲座

命读书好了。但很快即被告之此路不通。我们这批毕业生到铁路系统时人家付出了 5000 元的培养费，要想考研，先赔付这笔钱，而这笔今天看来不起眼的费用是我当时十年工资的总和。当作家是老师对我的抬举，在校时写过几篇东西，老师认为似有潜质。然而我自己最清楚，我完全没有文才，虽然在小报上勉强发表过一些散文。更要命的是我写的东西别人一看就懂，而但凡作家总要高深到别人看不懂的地步，这一点我做不到。30 年一路走来，也许有许多选择是错的，但从一开始就放弃当作家，现在看来完全是正确的，否则我现在只有"坐"家挨饿，糊口都做不到，哪里还能养家。若选择这条路，我早进了死胡同。前两条路都不通，只能踏踏实实教书。那以后，我就没有再想过干别的，20 年后我被评为特级教师。

第一个教师节时，特级教师之于我连梦想都不是。10 年后我被评为上海铁路局"十佳青年教师"和"优秀青年知识分子"，第 20 个教师节时我被评为"全国优秀教师"，第 21 个教师节时我正在参评特级教师并最终被省政府批准。平心而论，如果没有领导的关心、同事的帮助、家人的支持和朋友的鼓励，我哪里能够获得这些荣誉！而比获得这些荣誉更重要的是我获得了更多的人生感悟。教育人生让我体会到了教师要用自己的爱去赢得学生的尊重，要珍惜学生和家长对自己的一份信任和尊重。人在成长的同时必然有消耗，成绩的背后一定有付出。没有耕耘就没有收获，没有失很难有得。付出不完全都是痛苦的，更多的可能还是快乐。从道理上我赞同"没有教不好的学生，只有教不好的老师"的说法，但实际上有少数学生我也教不出理想的结果。这里面肯定有客观原因，譬如班级授课

制、升学压力、不科学的教育测量等等，但主观原因更不容忽
视。我们明知道有解决"教不好"的办法，但我们选择了放弃，
没有在坚持之后选择"再坚持"。

　　我有两段亲身经历可与朋友们分享：

　　我曾经是个烟民，一天差不多要抽 30 支烟。1989 年 12 月
初，我的学生送给我一张自制的贺年片，上面写道："一年一度
的元旦要来临了，祝您新年快乐！在新的一年里，祝您工作顺
利，万事如意！并且我衷心地希望您能改掉吸烟的坏毛病!!!"
一连三个感叹号。我经过一番斗争后决定戒烟。1989 年 12 月
9 日，我果断地戒了烟。后来我写了一篇文章《戒烟·教师的

分享快乐——教师生活在学生中。高二（1）班许福临（左2）获得2018年全国数学奥赛金牌并入选国家集训队，被清华大学提前保送录取为丘成桐数学英才班2019级学生。

人格威慑力量及其他》记录下了自己的体会，很多人在杂志上看到了这篇文章，在称赞我有毅力的同时更多的是赞赏我作为教师的责任感。

从90年代初到2004年的十几年时间里我不喝茶只喝白开水，而我从小是喝茶的。1992年，我们年级搬到教学南楼，这是70年代初建的一栋楼，没有上下水，没有洗手间，清洗茶杯要跑到楼下的水池边，非常麻烦。很多同事都是站在楼上顺手往楼下一倒，喝剩的残茶挂在树上，洒在地上。而这全过程经常是在学生众目睽睽之下。我觉得这是不可思议的事。于是我在戒烟后接着就戒了茶。这一戒就是十几年，以至于后来我一喝茶即失眠，甚至到了上午开会喝了点茶到晚上好长时间睡不着觉的地步，而我的睡眠本没有问题。

这两段经历揭示了我的一个教育理念：教师的生活细节往往可以构成教育资源。今天看来，可能是我小题大做，夸大了一个生活细节的教育作用。但我的教育实践告诉我，教师的这种克制是具有教育意义的，虽然它不见得对每个学生都有意义，也不见得每时每刻都有意义。换一个角度思考，我之所以不能成为"大家"，一个很重要的原因是我不具有更多的这种"克制"，缺乏足够的耐心、持久的思考和刻苦的学习。当然，这是我权衡后的自我选择，我本缺乏做"大家"的勇气，而不仅仅是缺乏智慧和机遇。

我坚信，成功的人生多数是可以复制的，关键看我们有没有这个打算，或者说，我们是否认为有这个必要。我本人反对"复制"别人的成功道路，但我不否认"复制"是可以做到的。正是基于此，我认为每一位今天再平常不过的老师都可以成为明天最优秀的老师，但我又非常矛盾地认为，宁可做一个平常而快乐的老师。不过如果能够做一个优秀且快乐的老师岂不是更好！

历经坎坷方能成就辉煌，甘于平淡就要坦然接受平凡。怎样都行，只要自己感到满足就好。机会主义者并非没有成功的可能，但机会主义者即使面临成功概率很大的事件也很难有一半的胜算。我相信有"机遇"的存在，但我不相信机会主义。

相信自己，但不要太功利！

2010 年 9 月 10 日

如何才能使你开心呢？

　　最近收到一位同事发给我的电子邮件，是一封 4000 多字的长信。我读了好几遍，而且还打印出来放在办公桌上，不仅用红笔圈阅，而且还批了很多文字，以使自己对这封信有比较准确的理解。我读这封信后有几个感触：一是这位同事很自信，有想法；二是主观上希望学校好，值得肯定；三是要摆正位置，要换位思考，要换位评价；四是说不如干，还是要用工作业绩说话比较好。这封信的情绪基调是"不开心"。所以，最近几天我一直在思考一个问题：我怎么才能让他开心呢？

　　不开心之一：与同事相处有不愉快的地方。既然是"相处"自然是相互的。同事不睦终非好事，原因不难找到，无非在你我身上。普天之下皆朋友，但一个人根本不必与太多的人成为朋友，然而如果总是与人不睦，你一定要检讨自己。人际关系是一个人成长与生活的重要环境，如果不能理顺，不仅影响事业，更重要的是影响心情。人际关系主要是朝夕相处的人之间的关系。我们往往犯远亲近疏的毛病，总觉得八竿子打不着的人跟自己关系很好，自己身边的人反而是"敌人"。关于这两位同事的事，我了解的情况不太全面，所以无法仲裁，我也相信他们有能力解决这个问题。

不开心之二：高三还要写教案。没有人认为上课可以不备课，但很多人认为上课可以没有教案，尤其可以没有那种写在本子上的教案。我们都认为好记性不如烂笔头，也认可嘴上说的比不上纸上写的。譬如你在一个公开的大型场合演讲，不让你带讲稿你就比较紧张。为什么有人认为上课可以不要教案呢？一是因为教了这么多年，什么时候讲什么话非常熟，写在纸上也不看。我有一位老同事连续教了15年初三化学，差不多课本上的每个标点符号都会背。教案是年复一年地写，基本不会有太大的变化。虽然学生年年变，但不会本质不同。此时如果以应付的态度抄教案确实没什么意义。二是没有人监督，讲好讲坏讲对讲错凭良心。高三毕业班主要是复习，复习课的教案与新课的教案肯定是不一样的，尤其是那些八股式的格式确实多余。所以我赞成毕业班老师和老教师的教案检查可以有别于其他老师。我以为不必太过纠结于"教案问题"。同一个人，总不至于教案写得越认真教学效果越差吧。你可以不写，但你要能说出你不写的理由并承担非学校原因所带来的后果。

不开心之三：坐班。承蒙他记得我在博客《这是哈佛商学院的课程吗》一文中举的例子。遗憾的是他没有明白我的意思而只记住了严格考勤的中国金立公司倒闭了而不考勤的美国谷歌公司强大了这样一个未必真实的故事。

考勤是一种管理方式。完全不考勤的单位几乎没有。坐班是考勤方式之一种，是一种简化的经济的粗放的初级的方式，它比较便于实施。人在就行，至于活干得怎么样或者出工不出力那不是坐班制本身要解决的问题。你如果要问我们喜欢不喜欢坐班等于白问，因为没有谁喜欢坐班。然而有很多岗位是必须坐班的，跟你喜欢不喜欢没有关系。教师是可以不坐班的。但并不是所有教师都可以不坐班，譬如担任一部分行政工作的老师就得坐班。没有依据表明坐班就一定可以提高教育质量，但更没有依据可以认定学校的质量不好是因为实行了坐班。坐班是一种管理方式，不坐班也是一种管理方式，都只是学校管理中的一小点。只以这一点来论学校的成败实在是荒唐。这位同事举了一个例子，他说另外一个同事说了这样一句话："没按手印前我百分百地努力，按手印后我有百分之七十在努力工作就不错了。"按手印者，指纹考勤也。说明老师们不希望坐班限制了自己的自由，这是可以理解的。但我们不能据此得出结论：凡坐班的都磨洋工，凡不坐班的都努力工

作。应该说，绝大多数老师按时上班经常加班，在校期间是集中精力工作的，与是否实行坐班制没有关系。对坐班制的态度会因为自己的工作性质的变化而变化。一般来说，强烈反对坐班制是因为不坐班会给他本人带来较多好处，譬如他承担较少而又较单纯的工作。而大多数人是"沉默的大多数"，你说怎么干我就怎么干，反正我要将工作做好。

关于我们学校为什么要实行坐班制我已有过多次说明。现

在我想换一个角度来说：附中是否可以取消坐班制？我的回答是：可以！但必须解决好几个问题。一是学生寄宿，校园里只有几个干部和十来个保安、宿管老师肯定不行，需要有人来管理。办法是，或者由老师轮流值勤，或者是班主任坐班，或者是建立专业的管理队伍。办法肯定有，关键是你能做到什么程度，能不能做成。二是诸如早自习、晚自习以及一些特别时段的课怎么安排，临时调课找谁调等。三是上课用什么方式考勤，迟到、早退、旷堂怎么处理。家远的老师自然希望将一周的课集中起来上。如何调配、如何监控并非易事。四是依然存在的教学过程的管理问题，譬如备课和批改作业的质量问题，课后辅导学生的监管问题等，总不能说老师上完课就走的学校就是好学校。解决这些问题的办法是有的。可以先将奖励性绩效工资的50%拿出来，增加班主任津贴和特别时段的课时津贴，或者花钱请别人代管（基本不可行）；为防止空堂，实行最严厉的上课考勤制度；每周安排一个时间用于对学生的课外辅导等。客观地说，实行坐班制并不能彻底解决上述四个问题，但两相权衡，坐班制至少在校园人力保障、待遇均衡、平衡大多数人的心理，甚至在学生活动开展和教学研究等方面有着毋庸置疑的优势。反对坐班制的人只想到他没有课就可以不到学校，他没有想到他不到学校不等于学校没事。等到你拿掉他工资的20%，他另外的意见又来了。一件事情如果能成为热点，就一定不是一件容易做的事。我们从来不缺出主意的人，缺的是实实在在做成事的人。制度因"人群"而有存在的必要。一个人的世界无所谓制度，两个人的世界就要有"制度"。"自觉性"是可以提倡的，但已经是很不可靠的了。按我们学校的教师办公条件，在某种程度上可以说，工作时间和工作质量是两个维度的问题，两者不是矛盾关系。最佳境界是时间有保证，质量有保证；其次质量有保证，时间不保证；再次是时间有保证，质量不保证；最差是时间不保证，质量也不保证。显然，提高教育质量，单纯靠自觉或制度都很难奏效。坐班也好，不坐班也好，心里想着学生最好。

　　不开心之四：周六补课。我也反对补课，但学生回不了家，双休日两天在学校完全"放羊"不是上策。走读的初中生从初一到初三上学期我们双休日都不上课，高中周六上半天或一天。但学校并不提倡上课，教师的责任是督修，即监督和辅导。如果老师有事是可以调课的，甚至可以不安排课，但不能因为你不干其他人也不能干，因为这件事不会因为你不做它就不存在。令这位老师自得的是他在减轻学生课业负担方面做得比较好，他从不"留"学生，这应当肯定。只是我觉得他应当看到，你自己不留学生不等于班主任不留。我知道的是在他所任教的那个学科会考的时候，不仅其他学科有所让路，班主任更是辛苦异常。我不赞成老师玩命干，但我不能昧着良心说玩命的老师还不如吊儿郎当的老师。

不开心之五：学校的"生态"发生了变化，因为有老师要调离。首先，学校的生态肯定发生了变化。2007年12月之前只有我一个人，现在在编教职工超过170人，所有教职工超过270人。一棵树与一片小森林的生态岂可同日而语？再说，学校筹建到现在五年，到底走了几个人呢？有哪一位老师的调离主要原因出在学校呢？没有谁比我更希望教师队伍稳定，但每个老师有每个老师自己的困难。我们必须面临有些老师最终要调离的现实，学校没有能力独自解决所有人的困难。我不能自己要扎根在厦大附中也强迫别人扎根在这里，或者说容不得别人的再选择。我很感谢这次在公务员招聘和厦门教师招聘考试中通过笔试的同事，他们也为学校争了光。然而有一点非常明确，办好附中的人肯定是在附中工作的人。"留人"和"留心"不完全是一回事，留住人不等于留住心，留不住人也不等于留不住心。譬如我，对于原来的单位就很有感情，和以前的同事

通用技术课学生作品展览

也很有感情。我调到厦大附中来并非因为原来的单位留不住我的心，只是想换一个地方再做点事而已，没有那么复杂。看得出来，他现在有点后悔，甚至说"如果知道要坐班"他就不来了。但我们学校从开办第一天就要求坐班，不是他来过以后才坐班的。如果因为这点事就后悔的话，你不来也会后悔的。

　　不开心之六：没有找到"牛"教师的感觉。他认为高三是"特区"，"不参加常规检查"，"只看结果"。高三是不是"特区"没有必要讨论，关键看如何定义"特区"，如何看"常规"和结果。我本人从未说过类似的话。但我的体会是，某一届高三最后能不能成功根本不需要等到高考成绩揭晓，从过程就能看出来。他很怀念在原来学校高三离了他就不转的感觉，而据他的调查，附中现在没有人愿意留在高三。这和我掌握的情况有比较大的出入。他告诉我，他原来的学校能带高三的教师一定是最强的，而我认为，让最强的上自然有道理，而以老带新也未尝不可。我的经历告诉我，真正敬业的年轻教师，第一次带高三，失败的很少。当然，问题的核心不在这里。他对我颇有微词，"因为在你眼中我并不是最强的"，也就是说我还不够看重他。其实，"最强"与否是不需要校长来认定的，如果同事和学生认为你最强，你就是最强，校长岂能奈何你！好在他有决心"让自己变得更强"，这是令我感动和尊敬的。

客观地说，附中的教师队伍确实很精良，我们可以经得起很多把尺子的衡量，但我们未必经得起所有尺子的衡量。我们必须看到自己的不足，而且这种不足还不在少数。强不强不要自己说，自我吹嘘一点意义都没有。有少数老师曾经有过一点小辉煌，到年轻的厦大附中来是准备做"教主"的，但现实有点出乎他的意料，所以就有些小失落。我曾说过，办学校不是打 NBA 也不是拍电影，不能搞明星制，因为我们不能只靠一两个人。每一个班级每一个学生都重要，所以全体老师都很重要。如果只"捧"少数人而"棒"大多数人，就是对大多数学生的不负责。我们需要骨干教师的引领，然而真正的领袖往往是精神上的，靠上级任命是不可靠的。

他在信中说："如果工作不开心，无法从工作中得到快乐，自然就会选择离开。选择是双向的。"我同意他的观点。我的脑海里反复萦绕一个想法：我怎么才能使他开心呢？我甚至想求助于他，请他写一篇关于"我开心"的文章。后来我悟出来了，无非是让同事们众星捧月般地待他、教案怎么写由他、取消坐班、上完几节课就走人、全体认为他最"牛"，如此等等。估摸一下自己的能力，我真的做不到，只怕将"校长"让给他干也很难让他开心起来。

如果说有一点开心的地方，那可能就是他在谈到他的专业能力时，充满了自信。我从来没有将老师分为最强的、强的、次强的、不咋地的，但坦率地讲，要做最强的怕没有那么容易。我们评价一个老师总归是能找到几个标准的，如果每一项都乏善可陈还怎么可以称为"最强"呢？我不是个特别强势的人，批评人往往留有余地。但也碰到过这样的同事，他们记住了鼓励却忘记了鞭策，甚至错将批评当表扬。然而，不到万不得已我是不会点破的。

谢谢这位同事给我写信，他在信中提到我的文章中曾引用过的伏尔泰的名言："你说的话，我一个字也不赞成，但是我要拼命力争你有说这话的权利。"这个话我仍然赞成。有这样的老师恰是学校的希望所在。我想，有他这种想法的人一定不是个别，所以在未征求他意见的情况下写了上面这些文字，算是一次"笔谈"吧。

2012 年 6 月 20 日

柿子捡软的捏

"柿子捡软的捏"是句俗语，意思是说"欺负"老实人。柿子捡软的捏，是挑柿子时的一种策略，是自觉自然也是合适的方式。硬的柿子不好吃，拿在手里掂量一下就放在一边了，最后总是要在一堆软的柿子当中挑选几个，难免要捏来捏去。毫无疑问，柿子捡软的捏，是因为大家喜欢软的柿子。

在工作当中，我也偶尔听到同事议论学校柿子捡软的捏，依据无非是不公平。一者，对不良现象的处置，对老实人更严格一点，对胡搅蛮缠的让三分。二者，老实人，能干的，担子就重，有点鞭打快牛的意思；刁蛮的就占便宜，滑头还卖乖。这种情况确实存在，即使在厦大附中，至少表面看上去也会有这种现象。

对于前者，我要说的是，我从来不会对老实人更严格，我尊重所有同事，无论老少。但对胡搅蛮缠的有时确有"让三分"的意思在里面。一是不想将人一棍子打死，特别是对刚刚从教的青年教师，校长要宽容。我们有过将人看走眼的教训。

要耐心等，跟老师待学生一样。校长大度宽容，学校才能大度宽容，老师才能大度宽容，学生才能大度宽容。所以，我在图书馆边上的那块石头上刻下了"宽柔以教"。我也是个有脾气的人。作为创校校长，我至少可以不谦虚地说，所有的老师都是在我的主持下招进来的，要使用"雷霆手段"，我敢说没人能阻拦住我。我曾说过，我的妥协哲学比斗争哲学学得好。并非我高明，是生活教会了我。我常对学校干部说，不要轻易直接批评老师，即使对蛮不讲理的青年教师也要"忍"，你要相信他一定是遇到了困难。我们牺牲一点尊严，让他度过了这个困难，他今后的人生之路或许就会一帆风顺。如果我们凭意气给了他一个"公正"的处理，有可能让他一辈子生活在阴影里。要多帮助，少埋怨。二是相对于普通教师，学校和校长是处于强势地位的。强者之"强"要恰到好处，过犹不及。在校长面前抹眼泪的往往是那些工作出色的"强者"。在他们满心委屈无法理解的时候，我劝慰他们，"美丽"正是你的过错，"强大"也是你的过错。如果一所学校，动辄处分老师，这所"公平"的学校是不会"太平"的。你处分得对，但结果却是错的。就这么奇怪！

关于后者，也即鞭打快牛，我承认自己是这样的人。但我要替自己辩解一下，在本职工作和基本工作量方面，我是轻易不会让步的。也就是说，"慢牛"想在我这里占便宜没那么容易。问题是，一所好学校，所有人只做本职工作是不行的。每个人都尽职尽责，结果还有许多事没人做，所以必定要有许多人"多管闲事"。"闲事"不"闲"，一点都不能忽视。"好学校"与一般学校的差距往往就在这些"闲事"上。上课谁不会？"好

与校友在食堂共进餐

学生"完全是你在课堂上"教"出来的吗？更多的时候我们要靠积极的校园文化来引导学生。我们不过是引路人，路是学生自己走的。厦大附中要建设成具有文化竞争力的学校，必定要在这些"闲事"上下足功夫。而要做好这些"闲事"，最佳人选是班主任和学科任课教师当中的志愿者。人多也不好使。譬如我们再增加50人专门帮助学生开展活动怎么样？结果有可能会"天下"大乱。

我曾经的教训是，将每一件"闲事"都标上价钱，干活给钱。结果活儿没人干，干不好，还斤斤计较，矛盾层出不穷。筹建厦大附中以来，我们一直坚持无偿志愿服务。最典型的就是周末讲座。现在已经到了第170期，我们没有付给老师一分钱报酬。曾经有干部提过，我坚决不同意。我一开始就说过，坚持无偿自愿，没人讲我来讲。现在，我根本排不上。单就这件事来说，如果每个人或绝大多数人都参与，最终也无所谓报酬不报酬。事实上，看上去异常安静的厦大附中校园，每天都是热闹非凡的。单是12月份的文化月活动，就有近40项五六十场活动。每一场活动都少不了老师，全是无偿的。作为校长，每天我的内心都是充满感激和感动的。厦大附中美在什么地方？美在"崇高"！美在教师的崇高的责任感。人性美是创造幸福人生的动力。这是附中学子在学校里受到的最重要的教育，这就是附中的美育。熏陶学生的美不是风景，而是教师的德行。

我一辈子从来不与"闲人"攀比。我勤奋地工作，我很愉快，从来不会生不干活的人的气。故我鞭打快牛不是欺负老实人，是将老实人视为我的同类。而且我相信，绝大多数人都和我一样，愿意做事，愿意帮助人。志愿服务不会穷途末路。如果将工作视作受罪，那自然不愿意多做事；如果将工作视作享受，大约就不会埋怨。学校安排工作，特别是那些在每个人看来分外的工作，自然要找"软的柿子"和"快牛"，志同道合，这是必然的逻辑。我不谦虚地说，在附中，最软的柿子和被鞭打得最多的牛难道不是我这个校长？但是我很快乐，我不生气，不埋怨。如果一个校长看到同事悠闲自在心里就不舒服，那他肯定心理不正常。今天早晨我到学校，在公交车站，碰到有老师准备去登山，我居然有一种抑制不住的幸福感。同事问：校长还到学校啊？我说：没什么事，逛逛。今天放月假，学校只有 87 位同学留校，有值班干部在，是最轻松的一天。大家休息，我到学校，没有压迫感，我觉得我是快乐和幸福的。站在公交车里，我在想，如果今天的公园或商店里，到处都有我的同事在悠闲地享受，那该是一件多美好的事！

我知道，用"柿子捡软的捏"和"鞭打快牛"来批评学校是老师们碰到问题后的一时愤激之语，其背后的逻辑老师们都很清楚。老师们要学逻辑，讲逻辑，教学生逻辑地看问题和处理问题。老师们也要有大气度、大格局、大胸怀，不要被小事气糊涂了。梅贻琦说："所谓大学者，非大楼之谓也，有大师之谓也。"八年前，我有感而发，写了《大学的胸怀》一文。我说："大学之大不在校园之大，不在大楼之大，甚至不在大师之大，而在胸怀之大。有大胸怀，大师辈出是迟早的事，无大胸怀，大师迟早要么跑掉要么'泯然众人矣'。假如大学的良心为官本位和拜金主义所侵蚀，则大学的胸怀就大不了。"中小学也不会例外。我们要有点气度和胸怀，不与"闲人"攀比。

2016 年 12 月 3 日

不忘初心，继续前进

——致全体附中人

尊敬的各位同事，亲爱的同学们：

大家新年好！

我们即将迎来 2018 年，附中的办学历程也因此迈进了第十年。当 2018 年的第一缕阳光照进校园时，亦乐园告诉我们：附中进入了新时代。

2017 年，我们的步伐是那么的坚定，我们的脚印是那样的清晰。所有的惊喜都不过是对过去十年奋斗的回馈，绝非一朝一夕的偶得。10 月 24 日，福建省高等学校招生委员会下文，批准自 2018 年起设立厦大附中高考考点。11 月 14 日，省文明校园考评组到校，对我校申报省级文明校园进行现场考评。12 月 4 日，市教育局组成专家组莅校，对我校申报省级示范高中建设学校暨省一级达标高中进行预评估。12 月 21—23 日，由省教育厅主办的教学开放活动在我校举行。12 月 28 日，厦大附中奠基十周年的日子，省教育厅专家组莅临附中，对我校申报省级示范高中建设学校暨越级申报省一级达标高中进行现

让教育更加尊重生命

场评估。2017年12月29日16时45分，随着评估组组长陈龙斌先生"顺利通过现场评估""向厦大附中表示祝贺"的话音落地，我们预期的奋斗目标得以实现。作为校长，我由衷地感谢各位同事和全体在校学生、校友！感谢无数指导、关心、帮助过附中建设和发展的领导和各界人士！

省一级达标高中是航船，不是彼岸。不忘初心，方得始终。我们的"初心"是什么？让我们将时针拨回到十年前。

2007年11月16日下午，《厦大附中四年发展规划（2007.11—2011.06）》评审会在管委会大楼8楼会议室举行。那一天，厦大附中还没有正式名字，还只是一块尘土飞扬的滨海荒地，全校只有我一人。在那篇我亲手起草的长达11223个字的规划中，我所展开的附中宏图是：

学校正式启动后的三年目标是，在办学思想、政策制度和实践行动三方面基本形成现代化品牌学校的基本框架。其突出标志是，教师队伍稳定，教学秩序井然，师生精神面貌良好，校园文化初步形成，首届初、高中毕业生升学成绩优良，为学校达标升级奠定良好基础。

学校的近期（十年）目标：根据福建省教育厅闽教基[2007]42号文件颁发的《福建省达标高中评估办法（试行）》规定，尽可能用十年时间建成省一级达标高中。据此规定，2012年实现三级达标，2015年实现二级达标，2018年实现一级达标，2023年前建成示范高中。争取在上级领导的支持下，调动各方面的积极因素，只争朝夕，短期内打出特色，创出名牌，实现跨越式发展。

学校的远景奋斗目标是，把学校建设成一所具有文化竞争力的现代化的有特色的学校。其主要特征是，有探索现代教育的历史使命感和社会责任感，有改革传统教育弊病的理论勇气和实践魄力，有探究和遵循办学规律的科学精神和人文精神，有表征学校教育现代化的原创性改革成果和特色经验。实现远景目标的显性标志是，在中国基础教育的若干领域，厦门大学附属实验中学的探索为多数人所熟知并认同。

今天看来，我的预见有点过于神奇，甚至有专家开玩笑地说，是不是上级的文件是根据我们的规划来起草的。其实，我的预见并无太多的科学性，但实实在在地反映了我内心的憧憬。我必须承认，十年来我矢志不渝从未退缩。可以说，之所以能够在高中办学只有短短的八年时间、三级达标刚过三年就能够成功创建省一级达标高中，是因为我们在每一个环节中都没有犯太大的错误，在一切可能存在机会的时候我们都抓住了机会。敢想不敢想的事，敢为不敢为的事。谋事在人，成事也

在人。不尝试怎么知道自己就不行？天道酬勤，我们一直在努力。在十年前的那场评审会上，也许只有我一人"当真"，对现场绝大多数人来说也就是走过场。只有我将那份规划刻在心里，一直到今天，直到永远。附中的所谓奇迹再次证明了目标和追求之于事业和人生成功的重要。

两个月前，我在学校行政群里有针对性地发了一句话：创建附中十年我只做了一件事——做人！此言不虚！2007年6月19日深夜，我乘坐的飞机降落在高崎机场，那是我第一次踏上福建的土地。在举目无亲的地方能做成一点事离不开别人的帮助。一点不夸张地说，在过去十年的每一天，我都得到过别人的帮助，包括你们在内；在附中发展的每个关键点，我们都得到了贵人相助，我们要铭记在心，要时刻感恩。十年来，我每天都记日记，我记住了所有对附中的好，包括对我们的批评。那是我们前进的力量源泉。在我的心中矗立着一座丰碑，那上面刻着许多我要终身铭记的名字和要感谢的人们。我们自然是勤勉的，但如果没有别人的帮助，我们必定寸步难行。

在全省一级达标高中已逾百所的今天，如果我们还为成功创建一级达标高中而自矜和沉醉，那简直就是无知。我们要承认一所优秀甚至伟大的学校之于师生成长和区域发展的意义，但这种"优秀"与学校的等级没有太紧密的关系。坦率地说，有一大批毫无使命担当、毫无文化价值、庸俗到极致的所谓高等级学校为我所不齿。并非我清高，而是因为我觉得我们每一个人都很渺小。别人犯下的错误我们都有可能重蹈覆辙，因此要始终保持清醒的头脑。厦大附中一定不能成为我所鄙视的学校。仔细想想我们的远景目标，不难发现我们还有多大的差距！可以说，我们永远在路上！

在前天下午的反馈会上，龙斌组长的一句祝贺只勾起我对所有帮助过我们的人的感谢，几乎没有半点激动。作为创校校长，没有人比我更爱附中。即使读过我所有文字的朋友也不一定完全清楚我心目中的理想附中。远景目标并非终极目标，它依然不过是一艘动力更强劲的航船。只有到了三五十年后，那些从附中走出去的孩子们当中有一大批人成为社会栋梁，并能为全人类作出巨大贡献时，同时，也只有在他们身上能够清晰地看到附中的教育价值观的基因并为他们本人所承认时，我们才可以说附中发现并掌握了教育的终极价值。我没有办法活到50年后，但我有幸活在今天，我要担负起自己的使命。

昨天，是周末，是假日，早晨，我依然习惯性地6点30分就赶到了学校，站在食堂屋顶上迎来了创建成功后的第一缕阳光。路灯还是亮的，晨曦尚未普照，高三的同学们就陆陆续续走向教室。我常说，教育不相信奇迹，不努力，什么成果都得不到。看到安静的校园里那一张张朝气蓬勃的面庞和平静自信的表情，我真是自豪。这是附中绚烂色彩的底色。下午1点我就在办公室着手整理反馈会上专家的发言录音。是的，我要自己整理，不放过每一个字，要听懂专家说的每一句话，更要洞悉其背后的丰富信息。用别人的眼光看自己我们才能立体起来。要承认，附中和所有的附中人都不能停止进步的步伐，包括55岁的我——最年长的附中人。你们不必担心我辛苦，我其实是非常快乐的。我从来不与闲人攀比。从教34年，我几乎每天披星戴月。能有机会做自己喜欢做的事，能有机缘在茫茫人海中和各位相遇，我是幸福的。

建校十周年校庆讲座：附中之美——让我们记住那些美好的瞬间

　　创建带给我的收获是什么？是心胸更开阔，境界更高远。当我们可以超越功利来思考时，我们就愈加接近教育的本质。学校会尽快对全部创建工作进行认真细致的总结，全面规划学校下一步的发展。要细化远景奋斗目标，使其成为可行的一件件具体的事。不要异想天开，办学生喜欢的学校仍需要我们一刻不停地努力。下一步更要突出内涵发展质量提升，完善一流教育服务品质，用适合每个学生的教育办所有学生喜欢的学校。干部服务群众，行政服务教学，全校服务课堂，全员服务学生，坚持教育无非服务的理念，坚定做好服务学生健康成长的工作，让教育更加尊重生命，让学校更温暖。

　　2017年是附中的幸福年，但却是我个人的悲伤年。迭次而来的荣誉一点也不能平复我心中的悲伤。这一年，我最敬爱的妈妈永远离开了我们。痛定思痛，悲伤与日俱增。五个多月过去了，每每思之便泪流不止。半年内，我二婶、妈妈、四叔、内兄先后离开了我们，这是奔丧最频繁的一年。内兄因公殉职，年近九旬的岳父岳母住进了老年公寓，成为我们时刻的挂念。我必须不停地拼命工作，只要有片刻的安静我就会想起他们，无法遏制。我经常安慰自己：这就是生活，这就是人生，这就是世界，这就是规律，这就是天道。我们要珍惜生命，珍惜缘分。繁华背后尽是云烟，云烟之后才是生活的真相。什么是生命的永恒动力？一定不是名利！一次在食堂排队买饭，正好架子上没有了餐盘，我从旁边拿来一摞餐盘，一位女生过来说：好奇怪，别人只会拿一个自己用，只有您会拿来一摞。我愣了一下说：谢谢你的表扬！过后一想，我这个自然自觉的举动也许会鼓励这个孩子快乐地帮助别人。我为这样的同学自豪！她能发现这个细节，就会不断进步。我想告慰妈妈的是，长久以来我一直能在帮助他人的过程中找到快乐幸福。我希望我的这个生命体验能带给大家启发。

在新年的钟声即将敲响的时候，让我们共同祝愿附中的明天会更美好，让附中人因为附中而更美好，让更多的人因为附中而更美好！

2017 年 12 月 31 日

学霸的"爸"

　　学霸，大约是指特别热爱学习、成绩特别优秀的学生。学霸一词亦不乏些微的贬义，如死读书、读书死一类。在以考试成绩独尊的学校教育评价体系中，老师没有不喜欢学霸的。有人说，老师评价学生要用选女婿的眼光才会全面、准确。实际上，利益当前，选女婿的事还是会抛到脑后的。当然，绝大多数学霸也是全面发展的好女儿、好女婿。但两者确属不同的两类事。

　　学霸多天赋异禀。而更重要的是，他们多有不一般的家长，经历过不一般的家庭教育。他们的家长对孩子的教育特别重视，要求往往也特别严格，付出也特别多。所以说，非凡的学霸常常有一个不一般的"爸"。这个"爸"未必都是"虎妈""狼爸"，也不见得都是天下父母的楷模，但确实是非同寻常的"爸"。学霸的练成，家教至关重要。表面上看，中国的父母是全世界最关心孩子学习的父母，但真正得法的并不多。父母是孩子的第一任和终身的老师，但中国的父母更像孩子的终身保姆，辛苦异常，却常常事与愿违。

　　1980 年代初，香港武打片开始在内地热播，因电视机少往往而致万人空巷。后来，金庸、琼瑶的小说和据以改编的影视剧风靡一时，对青少年学生的影响很大。不少学生在课堂上偷看武打或言情小说，晚上看类似题材的电视剧，一晚上三四集甚至五六集地看到半夜。早上一到教室，先三五成群地讨论电视剧，又一心期待着接着往下看，恨不得不吃不睡一口气看完。上课无心，作业马虎，确实影响学习。甚至有老师在学生的评语中写道：今后要集中精力学习，不看香港电视连续剧。与今天的"不上网玩游戏、不使用手机"如出一辙。曾有一位家长找到我，很严肃地对我说："老师，你们班学生看电视连续剧的现象很严重，你要管！"我说："他在什么地方看？"家长说："在家里看。"我说："孩子在家里看电视，你不管，我怎么管？学校一直要求学生不看武打和言情的电视剧，要注意休息，要集中精力学习。你家长要做好督促工作。"家长说："我管不住。孩子说，全班同学都看，他不看，会被人瞧不起。"我搞不清别人怎么能知道他是看还是不看的。其实，很多家长自己也迷上了电视剧，晚饭后连碗都不刷就坐在那里看电视，却让孩子专心写作业，如何能够？那时候，房子都小，有些孩子就趴在电视机前写作业。大家都没有空调，夏天都开着门窗，楼上楼下，大街小巷，都是一个声音，孩子要专心学习实属不易，能不被电视剧吸引得需要相当的毅力。有一位同学，学习能力极为出色，成绩非常优异。她的父母都是高级知识分子，家庭条件非常好。高三的时候，我去家访，发现她家里居然没有电视机。一问才知道，电视机放在大衣柜里快一年了。

英语话剧表演

他们家，一年没开过电视机，包括除夕夜。这是一件让我觉得不可思议而又感慨万千的事。从此，我更深刻地体会到了没有人能够随随便便成功的道理。我们可以不要所谓的"成功"，但如果要"成功"，要"出众"，就必须付出异乎寻常的努力，包括我们的父母也得一块儿付出。

如今，智能手机对孩子的诱惑力远超过当年的武打片。夸张一点说，手机对人的精神和肉体的控制超过宗教和监狱。如果不加约束，其负面影响之大难以估量。我们需要通过制度确立和文化熏陶，帮助人们摆脱技术的奴役，使物质享受不致凌驾于人们的理性之上。在孩子使用手机的问题上，很多家庭已经失控。有些家长就患有"手机依赖症",成天机不离手,孩子自然深受影响。于是,家长将希望寄托在学校和老师身上。然而,学校在管理学生使用手机的问题上,既无据可依,亦并无有效办法。智能手机是价值不菲的财产;体积小,便于存放或藏匿;网络更是无形,上不上网学校根本无从知晓。学生有没有手机,用不用手机,怎么用手机,家长最清楚。家长不管或管不了,学校就很难管。所以,我经常对家长说,能上网的智能手机肯定影响孩子的学习和身心健康,弊绝对大于利;管好这件事的第一责任人是家长而非学校。你不给他买手机,什么问题都解决了。如果你将送手机作为爱孩子的形式之一,其他就没什么好说的。该你说"不"的时候你不说,你就做不了学霸的"爸"。

单纯从管理的角度来看,学校自然有办法彻底杜绝学生在校期间使用手机,但要得到社会和家长的支持。如果社会和家长是"变色龙",学校就束手无策。此外,学校是否值当付出巨大的管理成本,学生离开校园后如何管理,这些都是不能不考虑的问题。我觉得,国家可以考虑对中小学学生规范使用互联网进行立法。譬如,不妨就直接规定未满 18 周岁不得拥有智能手机。正如不得拥有枪支、不到一定年龄不得结婚、不得驾驶机动车一样。当然,在中国家长面前,这样的法律也许形同一纸空文。孩子犯法,父母恨不得顶罪,手机的所有权岂能拎得清?说到底,只能靠家长管。我儿子给荷兰的高中生上了一次课,末了写了几道中国的高考数学题目,让学生用手机拍下来考考他们的老师。结果发现,那所高中的学生居然没有手机。荷兰的大学生、研究生也几乎没有用智能手机的,因为这

课余可以到校长室找校长聊天，还可以喝杯牛奶或绿茶

笔钱得靠他们自己挣。他们觉得好不容易挣点钱，花在买手机上太不划算。可见，没有制度管，可以用文化管。荷兰既有文化管也有制度管，我们是两者皆无。所以，校园手机文化的表现形式是很不一样的。我们是学校累家长也累，相互推卸责任，最后谁也管不了。这种情况下，学霸的"爸"比较明智，不打口水官司，管好自己的孩子再说。

　　真爱孩子就要从长计议。不少家长只顾得眼前利益。表面上看对孩子关怀备至，实际上自觉不自觉地教给孩子很多不良习性，譬如：冷酷自私，以自我为中心；缺乏责任感、公德心、宽容心和合作精神；奉行实用主义、精英主义，缺乏济世情怀；只想索取，不想奉献；好事揽过来，坏事推出去；等等。这些品性，也许不会给正在中小学阶段读书的孩子带来太直接的影响，大不了做个"孤独者"而已。而一旦这些品性生了根，孩子上了大学，走上社会，要想做大事，几乎不可能。真正优秀的学霸的"爸"不会计较于眼前利益，在育人上更富有智慧，学霸们由此得以养成更良好的品格。学霸们或许一辈子不见得顺利，但总有从容而有效的应对办法。这样的"爸"或许才能算是成功的"爸"。

2009 年 1 月 7 日"凤凰网·非常道"中有一篇文章《易中天：女儿从不培优》这样写道：

刚上高三，女儿就请老爸对其前途进行科学设计。易中天却说："我虽然是博导，但你仍然必须学会自己选择。"女儿便说："那就给点指导意见吧。""好，我的意见是'四项基本原则'和'三维坐标系'。'四项基本原则'，即兴趣原则，你选的专业应该是你最感兴趣的；优势原则，你选的专业必须最能体现你的优势；创造原则，这个专业毕业以后从事的工作要具有创造性，而不是简单的重复劳动；利益原则，这个专业必须有着良好的发展前途，最好能够赚钱。'三维坐标系'就是 X轴——城市，Y 轴——学校，Z 轴——专业。按照这个坐标系，加上'四项基本原则'，结合你可能得的考分，找一个最佳结合点。"几天后，女儿经过仔细认真选择，把自己立志于成为一名优秀设计师的梦想告诉了老爸。为了帮女儿更好地选择好这个最佳结合点，易中天花了近一年的时间把女儿考虑范围内的北京、上海、广州、南京等地近百所高校跑了个遍，并实地拍摄了这些学校教室、宿舍、食堂、学生状态等音像资料，还列出了这些学校近年来在福建省招生的排行榜。资料整理好后，他交给了女儿，便不管不问任其选择。最终，女儿选择并考取了同济大学。由于一切都是依照自己的意愿，她在大学期间如鱼得水，年年获得一等奖学金，毕业时还被评为上海市优秀毕业生。

易中天的女儿也许算不上平常意义上的学霸；易中天也不曾对女儿进行过所谓的培优；女儿中小学阶段，易老师未必到学校送过饭，也未必为孩子挑班挑老师而四处求人。但从上文中我们是否觉得他就是个学霸的"爸"？女儿未必是"学霸"，但老爸已然是学霸的"爸"。女儿从中获得的岂是培优班能够给的？这样的"爸"堪称真正的人生导师。

我在《学校教育切勿"绑架"家长》一文中说："对于老师来说，如果要成就良师，就必须坚持立足于课堂解决问题。如果长期依赖家长这个'助教'，不仅教学效果好不了，而且人格力量大为削弱。中国的父母大多双双忙于生计，耗费太多精力辅导孩子学习实在勉为其难。老师'不作为'逼迫家长'为'，还言之凿凿，家长对老师和学校是不会有好评价的。'亲其师，信其道'，家长怨言不断，孩子耳濡目染，老师不可'亲'，教学效果必然打折扣。倘若布置给家长的'作业'很重要，老师何不亲为？以老师一人之力解数十家长之围，此第一等功业，老师为何不做？"（载 2013 年 11 月 15 日《中国教育报》）但反过来说，家庭教育也不应"绑架"老师。该是家长做的家长就要勇敢地承担起来，不能将孩子推给学校了事。

作为校长，常常纠结于两者关系的调和。不尊重教师利益，就不可能保障学生利益；不维护学生利益，就从根本上失去了学校利益。政府创办学校，家长将孩子送到学校，我们做教师的受雇于政府，岂可不尽力？但教师的权益必须依法予以保障。教师的待遇要不低于公务员的待遇，教师的休息权和进修权要予以充分保障。学校不是无限责任公司，教师的工作是有范围和边界的。在学校教育和班级授课制的大背景下，社会、家长不应过分苛求教师。我们的孩子不是皇子，是众多普通学生当中的一员，不可能独享天下第一的优质教育资源。诸事只能适可而止。教师亦应当具备良好的师德和高度的责任感。虽然教师从教一辈子周而复始三四十年，但一个学生受教于一所学校和一位老师只有几年，其关键期更短。倘若我们不尽心尽力，甚至成天打自己的小算盘，偷工减料，敷衍了事，于心何忍？所以说，如果有学霸，我们老师何尝不是学霸的另外一个"爸"？学霸又何尝能够少了这个"爸"？

2014 年 5 月 22 日

进门即为师，举止须得体

——致家长

尊敬的各位家长：

大家好！

首先感谢大家对我们的信任！将孩子送到附中来读书就是对我们的鼓励和支持。请您相信，我们确实时刻感受到这一份令人不能承受的信任之重。故我和我的同事夙兴夜寐而无怨无悔。附中的办学理念是"以人为本，以德育人，自立立人，和谐发展"；发展目标是"培育并不断提升一流的教育服务品质，用合适的教育办学生喜欢的学校"。我们认为教育无非服务，同时认为"学生喜欢的学校"就是好学校。所以，我们愿意以百倍的努力服务于学生的健康成长，希望自己成为学生人生旅途中的"重要他人"。令人欣慰的是，我们的付出得到了回报。这份"回报"远不只是良好的升学质量，更重要的是，我们从学生对母校的依恋和赢得的口碑中悟到了奉献的意义和价值。在"精致的利己主义者"大行其道的今天，我们能够培养出懂得感恩的学生何其幸运！而这当中您居功至伟。没有好的家教底子，学校教育无异于空中楼阁。我要真诚地谢谢您！

其实我要对您说的话太多，岂是尺素可以尽书！好在我写了很多与学生、老师、学校和教育有关的博文，我知道有不少家长阅读。我可以负责任地说，我为学生、同事和你们而写作，不说半句空话。天下兴亡我负不了责，我只对你们的孩子负责。校园赐给我思想和智慧，所以，您要相信我说的每一句话都是充满真情的。为了你我携起手来，我愿意以写作为桥，连通家校。自然，也期待您奉献智慧和不吝赐教。

今天在这封短信中我只谈一件事。

附中建校以来一直秉持"开放"办学的理念。由于面向全市招生，学生不能每周回家，我们允许家长到校探视孩子。特别是周日，我们完全对家长开放校园。我特别愿意看到亲子共进午餐其乐融融的场景，尤其乐见亲子在校园或漫步或对坐的那份天伦之美。我觉得那是天下最美的画图。故我们一直竭尽全力并将一如既往地为您探望孩子提供方便。附中提倡"宽柔以教"，努力办有温度的教育，因为我们认为人之于其他万物的最大区别是"有情"。我们希望附中学子是感情丰富的人，而这离不开"完整的教育"。所以，我们欢迎您抽时间到校看望孩子。附中大门永远为您打开，周日附中的餐厅也一定有您的座位。

经过八年的建设发展，附中已经是有 61 个班级、2667 名学生、333 名教职员工的大学校。每逢周末，大量家长到校。特别是周日，到校家长通常数百人，最多时上千人。有不少家庭是举家前来，三代同行。我本人尤其陶醉于这样的情景。您的到来，固然给我们的工作带来了压力，但无疑也是一种鞭策，使我们服务学生的意识深入骨髓。"教师生活在学生中""关键时刻有我"也是我们的基本理念，所以，即便在周日，我的很多同事也在学校服务，而我本人会经常一周21餐在校就餐。责任重于泰山，我们岂可懈怠？

由于进校家长太多，周日下午是学校卫生状况最糟糕的时候。这两年我越来越感到这个问题的严重。附中实行"无垃圾校园"制度，全校没有垃圾桶，采取定时投放清运的办法。在师生的共同努力下，280亩的校园往往见不到一片废纸，令来宾印象深刻，也令校友难忘和自豪。但大批家长一到，校园里常常一片狼藉。尤令我遗憾的是，不少家长穿戴随意，举止不雅，在公共场合抽烟、吐痰、喧哗，在宿舍长时间逗留置他人休息于不顾……特别是抽烟，令我十分反感。我时常直接劝阻，但劝不胜劝。在校园里抽烟，不仅有违公德，更是有违法规。八年来，我没有亲见一位附中老师抽烟。我们不谈"无烟学校"，任何地方也没有"禁止吸烟"或"请勿吸烟"的牌子，因为附中已超越了这个层次，已经不屑于在这个层次上磨嘴皮子。我这里放胆说一句，附中校园里的每一个烟蒂都不是附中师生留下的！正是有感于不能让类似的坏风气蔓延，去年此时，我让同事在三个大门都挂上了这样的横幅——"家长：进门即为师，举止须得体！"希望借此引起大家注意。显然，没能起到太大作用。

我一向认为，在校园里，随处可见的警示语也是一种"垃圾"。所以，类似"脚下留青"的提示在附中校园里找不到。这是我下决心写这封信的重要原因。我希望您能看到这封信并得到您的理解和支持。

家长是孩子的第一任老师，也是孩子的终身老师。孩子的良好品质或不良习性都不难在家长身上找到些许因由。故家长的责任一辈子推卸不掉。坏习惯一学就会，好习惯则需要下点功夫才能养成。我们要有一点修养自觉。我对学生说，世界并不美好，但我们有责任让它变得好一点。那些不良现象，别处可以有，但附中不能有；别人可以为，附中人不能为。科技进步不等于社会进步。大学新生第一课是"防骗"便是明证。所以，我永远不会改变"修身"重于"治学"的教育理念。品德是人的第一智慧。品德有最佳养成期，而知识永远学不完，不能本末倒置。

记住：在孩子面前，老师也是您的天职，马虎不得！一旦上升到美育层面，美丽校园就少不了你我他。"进门即为师，举止须得体"，给孩子一个惊喜，请从今天开始！

让我们共同努力！

2016 年 9 月 6 日

家长，您到位了吗？

有一篇文章时常被冠以"人民日报：教育改革从家长教育开始"的题目周期性地出现在各种网络媒体特别是自媒体上。这篇文章发表于 2013 年 10 月 31 日的《人民日报》。前不久还"疯传"过几天。文章最后说："从世界角度来说，对于培养一个优秀的人，理念、做法其实没有本质的差别，比如付出，比如严格的规范与要求，待人友善、懂得感恩等等。因此，我们不需要动辄讲美国，而是应当先把本民族优秀的教育观念继承下来，把正确的家庭教育理念发扬光大。家长到位，正确的理念到位，中国的教育问题才会有根本性的改变。"

"教育改革从家长教育开始"是个美丽的童话。首先要问："家长教育"是什么？谁来落实"家长教育"？这两个问题不是解决不了，而是根本回答不了。较之 30 年前的家长，今天的家长的平均受教育年限长了很多，为什么更不懂教育了？

我没有半点兴趣来深入探讨这个问题，我只想讲两个故事来展现一两个问题的侧面。

参加学生科技活动——水火箭发射

我们学校高中全寄宿。由于学生来自全市，无法每周休假，只能放月假。不放月假的双休日，学生都留在学校。所以，差不多有四分之三的双休日学生都在校。为了给亲子交流提供方便，我们对家长探视孩子没有作硬性规定。但提倡一周最多来一次，集中安排在周日。平时探视要与班主任预约，周日则完全开放。但也有少数家长租房"陪读"，每天三餐到学校食堂陪孩子吃饭，理由是孩子身体不好，要特别准备点十全大补的。这个也可以理解。于是学校决定给有类似需要的家长办个出入证。但真正办证的又不多。我猜测真正有需要的人不多，而孩子又不愿意撒谎。结果就出现了有少数家长在门口与保安纠缠，进不来便翻墙头。虽属极个别，但影响很不好。

周日到校的家长少则四五百，多则过千。不仅食堂满满当当，校园里也遍布家长。因为有些家长不拘小节，于是就出现了一些不良现象。去年开学后，我给家长写了封公开信《进门即为师，举止须得体》，反响良好。但没过多久便故态复萌。不久前我听到一个令我十分诧异的信息。我的同事偶然间告诉我，学校食堂里面的不锈钢餐具一年会丢失几百个，全被家长拿走了。他们往往带着锅碗瓢盆举家前来，碗不够便在窗口拿，一拿就拿几个，饭毕便一块儿洗洗拿走了。更有甚者，从免费汤窗口取走几碗汤，将汤倒在洗手池里，用碗盛自己带来的汤。汤碗往往也就不翼而飞。我是第一次听说这件事，之前没有一个人向我反映过。这个故事超出了我的想象。我本来想就这件事再给家长写封信，但思考良久还是作罢。学校哪里有能力去教育家长！我比较忧心的是，今天在附中校园里看上去很有素养的孩子们，明天会不会自然而然成为这样的家长？如果会，我们的教育在哪里出了问题？

今年春节期间，我接到一条自称是 5 位家长联名的匿名短信，反映某一个班的两位任课老师的问题。问题是老师"不怎么好"。我也不知道怎么个"不怎么好"。总之无非是两个问题，第一是没让学生信任进而喜欢，第二就是考试分数差点。我们必须承认有这"两个问题"的老师是客观存在的。这两位老师都是刚工作的青年教师，即使暂时还"不怎么好"，也可以理解，同时也应该原谅。我们可以一起帮助他们，要给他们机会。没有一所学校敢保证所有老师都成熟有经验，水平是整齐划一的。事实上，就分数而言，他们并没有什么问题。这次期中考试进一步证明了我的说法。我可以负责任地说，没有一次考试（包括月考）我不是一一看过全校近 2700 名学生的成绩。难道我还不了解情况，还看不到问题？这里先不谈具体问题。就事论事来说，一条匿名短信我就"遵旨"换老师，这个校长不仅是水平有问题，简直就是神经病。而最令我心情不能平静的是，他们不仅替我安排好了两位老师的工作，而且从口气上看也是不容商量，因为他们还告诫我"愿校长妥善处理，别伤了老师的心"。意思是说，不仅要调整这两位老师的工作，而且还要让被调整工作的老师心情愉快。这"5位家长"的滑稽之处在于，他们太小看校长的专业性了。似乎他们来做这个校长比我这个做了20年校长的人经验和能力还要丰富得多。

老师"有问题"当然可以反映，也应该反映。我们一起针对具体问题来解决。不要动不动就要求换老师。老师也不是不可以换，必要的时候学校一定会换，你不说也会换。学校人事调配权是学校的基本权利，神圣不可侵犯。学校考虑问题要全面复杂得多。不能"5个人"一"策反"，学校就俯首听命。

40年前我们读书的时候，哪里听到过"换老师"的说法。我自己读书的时候，从来没想过哪个老师好哪个老师不好，一律是尊敬有加。今天的家长动不动就投诉，动不动就"策反"，难道是因为社会进步个人权利意识觉醒不维权就不够现代吗？都是这个思路，教育能好得了吗？学校不能重回神圣，教育改革一定不会有出路！

2017 年 5 月 30 日

美德：利他行为的审美化

尊敬的各位同事，亲爱的同学们：

大家新年好！

2016—2017学年度第二学期今天正式开学上课了。欢迎各位回到这春意盎然的美丽校园！

2016年，厦大附中的办学质量上了一个标志性台阶，"985""211"高校录取人数大幅攀升，在附中发展史上具有重要意义。

中、高考成绩突出。高考一本达线率82.26%，二本达线率99.33%，理科总平均分532.4分，文科总平均分516.7分，四项指标均名列全市第一，在全省名列前茅。学科竞赛获省奖人数和获省一等奖人数，继2015年名列全市第一后，今年再次蝉联第一。素质教育、文化建设、安全管理稳步推进，学校办学实力、文化竞争力、服务水平、对地方社会发展的贡献率、知名度和美誉度有新的提升，被开发区管委会授予"2016年教育教学突出贡献奖"。学校被开发区党委、管委会表彰为2015、

2016 年度先进单位。七一前夕，学校党总支被市直机关工委和开发区党委分别授予"先进基层党组织"。学校荣获福建省五一劳动奖状。教务处被省教育厅、省总工会评为"福建省教育系统 2016 年'五一先锋号'"。学校通过了义务教育管理标准化学校评估验收，被省教育厅确定为首批高中课程改革基地学校。被市教育局评为"安全标准化一级达标学校"，获得漳州市第二届中小学交通安全知识网络竞赛学校组织奖、全国青少年学生法治知识网络大赛优秀组织奖，被市综治委先后评为 5A 级平安校园和漳州市"平安校园"创建先进单位。

教师在业务竞赛中获得市级以上奖项 90 多个，其中市级一等奖以上 41 个。特别是在"一师一优课"评选中，我校共获得 13 个市一等奖，最终获得 3 个国家级"优课"。在福建省第三届中小学幼儿园教师教学技能大赛中，获得市奖 9 个，其中一等奖 8 个；获得省奖 4 个。被市教育局评为第三届中小学教师教学技能大赛岗位练兵先进单位。有 17 位老师获得漳州市"十佳学科教师"称号。过去一年，学生在《中国校园文学》《闽南日报》等各类报刊上发表文章 120 多篇。

校园建设取得重要进展。面积达 1.3 万平方米的艺术馆竣工，即将全面完成二装交付使用；游泳馆已开工建设；体育馆基本完成设计，即将开始招标施工。学生食堂空调项目、一期工程大修项目均列入 2017 年基建计划。建成了物理探究实验室、化学探究实验室、录播教室，对一期校园监控设备进行了升级换代，新购了一批图书、家具和办公、教学设备，办学条件得到进一步改善。

我想，用"辉煌"一词来概括 2016 年我们所取得的成绩一点也不为过。但我觉得这些成绩随着鸡年的雄鸡一唱都已成为过去。成绩本身并不重要，重要的是我们获得了成长。不久前，我写了一篇文章《2016 高考，赢在诚信》。面对 2016 年的高考成绩，我说："2016 年高考以及之前的每一年高考，我们不是赢在成绩上，而是赢在诚信上。今天看来尤其如此！"这句话以及这篇文章的核心意思是，中、高考不是我们的根本目的，我们的目的是立德树人。立什么德？社会公德，家庭美德，职业道德。树什么人？身心健康和谐发展的人。没有道德的人，知识越多越可怕。所以，在今天的晨会上，我要提出一个新的共同奋斗目标，即实现利他行为的审美化进而养成美德。

德育不能没有目标，而一旦追求功利便名存实亡。学校德育的理想境界是将德育与美育融合起来，实现利他行为的审美化，使品格完善和精神满足融为一体。通过审美情感的中介作用，以美启真，以美储善，学习知识，完善道德，塑造人格，升华灵魂，使受教育者自由自觉地成长为全面发展的人。

30 年前，电视剧《秋白之死》的一个镜头令我终生难忘。秋白即共产党的早期主要领导人瞿秋白。宪兵押解着临刑的瞿秋白行走在山林间。秋白是那样的儒雅和从容，没有衣衫褴褛，没有遍体鳞伤，没有佩戴刑具，仿佛在庭院中踱步。走到一处，他停了下来，自言自语："此地甚好！"他便在那里牺牲在枪口下，年仅 36 岁。面对儒雅的秋白，敌人的审讯和劝降居然也是极文雅的。电视里没有声震寰宇的口号，也没有喋血的镜头。那一刻，我不仅明白了什么是视死如归，甚至觉得为理想而死是何其美好！古往今来，为何志士仁人前仆后继？只

啦啦操队在校运会开幕式上表演

有高尚的品德还不足以有那么大的力量，其心中必有重于生命的情怀和信仰。屈原在其绝命词《怀沙》的最后写道："知死不可让，愿勿爱兮。明告君子，吾将以为类兮。"何等坦然、自信！戊戌变法流产，谭嗣同完全有机会突围，但他决心以死来殉变法大业。他说："各国变法无不从流血而成，今日中国未闻有因变法而流血者，此国之所以不昌也。有之，请自嗣同始。"何其豪迈！荆轲、田光、樊於期设计刺秦王，明知无私利可图，却慷慨献出生命，是因为心中有重于生命的东西。瞿秋白们慷慨赴死的故事具有深刻的美学价值，会唤起人们为正义献身的冲动。为真理、正义、理想、信仰而死，在利己者看来自然是那样的不可理解；即使懂得利他的必要，也未必能够如此决绝。"毫不利己，专门利人"，是人的精神追求进入审美层面才具有的境界。

北京大学教授钱理群先生说："我们的一些大学，包括北京大学，正在培养一些'精致的利己主义者'。""利己"是"人"之本性，有效德育必须建立在尊重个体的基础之上。目中无人便无德育。但是，目中有人绝不等于心无他人。德育就是要帮助人们养成世所公认的必要的道德规范。没有不需要"克己"的完人，故品德高尚的人是律己最严的人，是心中有他人的人。为什么我们培养了太多的"精致的利己主义者"？是因为德育还停留在灌输、提倡、强制的层面，实用主义和功利主义盛行，没有入心。一旦外部环境发生变化，自私本性复萌，德育随之失效。

利他行为审美化，既是必须也不神秘。事实上，灵魂和人格一旦进入"崇高"，美育和德育就自然交汇。德和美都追求崇高。任何一所学校都不缺乏崇高。崇高的品行令人景仰，我们用制度和规范引导人具备这种品行，就是德育。德育重塑造，是一种理性的强制。而当崇高的品行被弘扬成为一种文化时，便有了审美功能，即便需要加倍克己仍可带来由衷的愉悦，崇高品行就升华为内心不可或缺的精神内蕴和美妙体验，这就是美育。美育重熏陶，是一种感性的移情。此时，德育和美育有机融合，砥砺品德同时也陶冶情操，反之亦然。通过审美经验、审美认识、审美超越，进入精神上的审美理想国。颇似品性稳定的宗教情怀。帮助别人，快乐自己！教育就是这样的事业，教师尤需要这样的情怀。学校德育要追求这样的境界。而几乎所有的德育活动都可以上升到审美的层面，关键在于要有审美追求。

2017 年，随着艺术馆、游泳馆的建成投入使用，学校育人功能将进一步完善。我们在规划艺术教育的基础上，重点加强美育工作。重塑美育在教育中的角色，需要立德为先。"美德"这个词由"美"和"德"构成，很好地表明了两者之间的关系和互动。康德曾说过，美包含了道德的深刻内涵。而在施德的过程中，其"润物细无声"的方式必然是审美的。人人都有美的情怀和高远的境界，假丑恶现象自然就会远离我们的社会。我相信，通过我们全体师生的共同努力，厦大附中一定能够建成充满美德的"美好的校园"！

　　我的讲话到此结束。谢谢大家！

2017 年 2 月 7 日

严字当头，爱在其中

——首届"六年一贯制"实验班第一次家长会上的讲话

今天这个家长会是学生正式进校以来的第一次家长会。首先我代表学校欢迎各位家长莅临学校参加家长会，因为大家来一趟不太容易。今天学校方面参加家长会的有学校领导、各处室负责人、七年级任课教师和学生成长导师。这里我也要代表学校对老师们牺牲休息时间来参加这次家长会表示感谢。

我讲三个方面内容。首先要说明的是，我的讲话事先没有与年段任课教师沟通，如果有没有说到的或说得不准确的等一会儿由其他同志补充。如果时间允许，我愿意讲完后回答家长的提问。

一、开学以来的工作以及对班级工作的评价

（略）

二、近期工作

（略）

三、有十点想法与大家共勉

1. 家长要相信学校，要信任老师；老师要努力工作，要对得起家长的这份信任。作为校长，我是相信这些老师的。学校在选择任课教师时耗费了很多心思，而一旦确定了教师团队，我们就放手让老师去做。如果我做校长的，这也不放心，那也不放心，别人还怎么工作？

2. 要留给孩子空间，甚至要让孩子有犯错误的机会。你连犯错误的机会都不给他，他还怎么成长！所以，我觉得家长没有必要天天给老师打电话了解孩子的情况，不要把孩子逼成"透明人"，一点点隐私都没有。尤其职业是教师的家长，不要因为我们熟知这个年龄段孩子的毛病，就期望自己的孩子"免疫"。小毛病一点都没有未必是好事，感冒和发烧反而可以增加人的抵抗力。

3. 欢迎家长给我们提出宝贵意见。在座的有很多是我们的同行。我这里有个统计，两个班82位同学中有24位同学的家长是教育工作者，有的同学父母亲都是老师，这个比例非常高。毫无疑问，这是我们的资源。如果可能的话，我们在适当的时候可以进行一些业务交流。但有一点必须明确，你只有建议权。对于你的建议，我们可能采纳，也可能不采纳，因为这个学校是我们在办。你我的根本目标是一致的，但总要以一方负责为主。我们的目标就是对学生负责，办好学校。这么多家长都来指挥，不乱才怪。

4. 我们必须意识到这些孩子距离成功成材的路还非常遥远。这两个班是"六年一贯制"实验班，一个重要任务就是进行创新人才的培养实验。我们不把它看作是传统意义上的"好班"和重点班，更没有打算将他培养成"贵族"，因此，学校对他们要求更严。家长和老师必须明白，小升初的成绩与中考的成绩的关联度远低于中考成绩与高考成绩的关联度。也就是说，初中阶段学生的学习成绩变化很大，很多在小学成绩好的学生，初中成绩掉下去了。我们有信心将这个概率降到最小，但不能保证能够杜绝这种现象的发生。即便全体同学进步都很快，但如果我们认为只有上清华、北大才算成功的话，那么，多数同学还是很难成功。

5. 如何看待孩子的考试成绩？我提出来一个大家很不愿意听的观点：你必须习惯孩子是最后一名。所以，我建议家长平时考试不要问名次，要问差距，要问成绩的差距，要问知识的差距。我还有一个观点，分数高看分数，分数低看名次。这里，我用福建省今年的高考成绩说明一下，为了方便，我就用理科成绩来说明。高考满分 750 分，全省理科裸分（即不包括加分）最高分是泉州七中的黄灿云，总分 686 分（漳州理科最高分 685 分，可能含加分），得分率为 91.47%；本一分数线为 539 分，得分率 71.87%；本二分数线 472 分，得分率 62.93%。高考是选拔考试，有较高的难度，平时考试多数情况下难度要低一些，所以得分率要高一些才行。另外，我们可以看到，比漳州最高分低 146 分仍然可以上本一。所以，我给实验班的孩子提一个目标：如果满分为 750 分，你与第一名的分数差不要大于 15%。第一名如果考 700 分，你不要少于 595 分。本次期中检测最高分 730 分，比这个分数低 15% 是 620 分，一共有 7 位同学。老师要帮助这些学生查找原因，希望这些同学奋起直追。

6. 孩子的培养目标要理想设计、理性推进。大目标就是要培养全面发展的具有创新意识、创新精神和创新能力的人才。

在附中阶段，主要的衡量标准是有尽可能多的同学升入名牌大学，基本目标是考上本一以上学校，这是一把我们随时放在身边的尺子。当然，实现目标需要多方努力。我们认为，教育的核心不是传授知识，而是培养健康人格。儿童教育专家孙云晓认为，学做人是成才的第一课，道德智能是决定人生成败的关键。父母给孩子最好的礼物就是教会他们如何做人。我校办学理念中有一句话非常重要：品德是人的第一智慧。

7.学习必须刻苦。现在中国教育的问题不在于学生学习负担重，而在所有学生学业负担都很重。有一个道理非常明白，要想在学业上有大成就，不刻苦根本不可能，尤其是在教育高度普及的信息时代。你可以不刻苦，但你要容忍暂时的平庸，要准备付出更大的代价。

最近我看到一篇文章《哈佛，凌晨四点半》，里面有两段话，我照录如下："哈佛占地154公顷，没有现代化的高楼大厦，随处可见用新英格兰红砖建筑的图书馆。哈佛的博士，每天要啃三本大书，还得向导师交上颇具独到见解的阅读报告。英国一家电视台曾做过一个题为《凌晨四点半》的专题节目，内容反映的是，在一个普通的凌晨四点半，哈佛图书馆内，座无虚席，已经坐满了静静地看书、认真做笔记、积极思考问题的哈佛学子。"作者说："我在哈佛大学旁的旅馆住了下来，决定亲自目睹一下哈佛校园的凌晨四点半。第二天凌晨四时刚过，我再一次来到哈佛校园。美丽的校园沉静于晨光曦色中。湖边、路边，许多学子正在聚精会神地晨读着。走进藏书逾千万册的哈佛大学图书馆，只见每间阅览室都灯火通明，每个座位上都坐着看书的学子……"

事实上，日本、韩国、中国台湾的学生负担也不轻。我个人认为，中学生刻苦学习是一项基本素质。但我们要研究，学生刻苦学什么，如果花费大量时间做简单重复的劳动就没有意义。我的经验是，初中阶段一定要花点时间看课外书，尤其是中外名著。如果现在不看，有可能一辈子都不会看了。而这些书对我们的成长很有意义。

8. 教学相长。教师的上岗培训和其他行业区别很大。我们没有办法将教师培养到不需要再学习的程度再去教书育人，因此，"教"的过程永远同时是"学"的过程。毫无疑问，家长和我们承担了同样的责任。教育是一门学问，是一门理论性和实践性都很强的学问，而实践能力往往更能检验人的教育水平。让每一位教师都成为专家是不现实的。而我们经常看到，教师能教好学生但未必能教好自己的孩子。因此，在育人的路上我们都要加强学习。

9. 心态要平和。我发现有少数家长很急躁，没有摆正自己的位置，似乎无所不知，碰到一点问题就横加指责，语气咄咄逼人。有的家长甚至在留言中说，我要你怎么做，你就应该怎么做，不这样做我就怎么怎么样，甚至过分到威胁我们，说"难道你们明年不想招了吗"。我以为荒唐透顶！厦大附中的发展还要看你的脸色！我可以说，关心实验班建设的人很多，但最关心人的是学校。我不否认你很关心，但你关心的是你的孩子，而且还不见得能够关心到点子上。我与实验班的同学普遍接触了一次以上。据我了解，家长的很多担心都是多余的，学生的自理能力和宽容心远比我们家长想象的好。我以为培养会感恩的心和一颗宽容的心比会做几道题要重要得多。老师们心

油画《临基里科—诗人的神秘 》 高一（8）班林煜婧

态也要平和，不要觉得学生好像没有我们想象的那么优秀就急躁。学生本没有问题，是我们的想象出了问题。

因为是家长会，我们在座的都是家长或者将要做家长的，因此，我提出一个命题：今天我们如何做家长？我以为，虽然我们的文化水平比我们的父辈高，但我们做家长的水平未必比他们高。我再出一个具体的题：如果我们发现教师讲错了或者作业批改错了，怎么办？当然，绝大多数高中学生家长是发现不了的，但如果发现了，怎么办？办法有多种，但最差的一种是当着孩子的面损老师。我提醒各位，家长和老师各有分工，不要错位。

10. 要让孩子知道宿舍里的灯是可以自己控制的。什么是自理能力？连关灯睡觉都要别人帮助，还谈什么自理！如果学生确实需要提前下晚自习，适当提前我是同意的，但我以为没有必要提前关灯。要养成开灯也能睡着觉的习惯。要改变别人不如改变自己。什么是集体生活？集体生活就是需要更多的迁就、妥协与忍让。我们要培养学生什么？要让他们不仅比别人更会学习，而且还比别人更会休息。连课间10分钟，都能够挤出5分钟来进行一次充分的休息。要不然，你凭什么超过别人？我个人认为，这些孩子的适应能力还是比较强的。我见到他们总是夸他们，因为毕竟才初一，就要生活自理，不能说多伟大，但确实比其他孩子少了许多享受和直接关爱。但我想，他们总是要走出来，将来可能还要走得更远。走得越远，离理想就越近。我们要珍惜这种教育机会，巩固由此带来的教育成果。

我不赞成他们每周都回去，但现在就统一两周或三周回去一次，时机还不成熟。实际上，已有好几位同学几周才回去一次，双休日自己安排得也很好。

我比较担心的是他们往返途中的安全问题，这是个现实问题，需要我们携手努力做好这项工作。

家长同志们，相信我们是带着真诚来进行"六年一贯制"创新人才培养实验的，同时要相信我们能做好这项工作。我不能保证经常参加实验班的家长会，因为学校不是只有实验班，而且实验班的数量也会逐年增加，校长还有很多重要的事要做，但我能保证对第一届实验班倾注更多的精力。

我们一起努力！

2010 年 11 月 21 日

图书在版编目（CIP）数据

让教育更加尊重生命：姚跃林教育演讲录 / 姚跃林著. — 上海：华东师范大学
出版社，2019
ISBN 978-7-5675-9074-8

Ⅰ.①让… Ⅱ.①姚… Ⅲ.①教育—演讲—中国—文集
Ⅳ.① G52–53

中国版本图书馆 CIP 数据核字（2019）第 071355 号

大夏书系·教育讲演录

让教育更加尊重生命
——姚跃林教育演讲录

著　者	姚跃林
策划编辑	朱永通
审读编辑	张思扬
封面设计	奇文云海·设计顾问

出版发行　华东师范大学出版社
社　址　上海市中山北路 3663 号　邮编　200062
网　址　www.ecnupress.com.cn
电　话　021-60821666　行政传真　021-62572105
客服电话　021-62865537
邮购电话　021-62869887　地址　上海市中山北路 3663 号华东师范大学校内先锋路口
网　店　http://hdsdcbs.tmall.com

印 刷 者　北京密兴印刷有限公司
开　本　890×1240　32 开
插　页　2
印　张　7.5
字　数　162 千字
版　次　2019 年 5 月第一版
印　次　2024 年 3 月第四次
印　数　11 101–12 100
书　号　ISBN 978-7-5675-9074-8/G·12007
定　价　42.00 元

出 版 人　王　焰

（如发现本版图书有印订质量问题，请寄回本社市场部调换或电话 021-62865537 联系）